齋藤竜さん・直巨さん

1　「子どもたちはスペシャルなことを望んでない。ご飯を食べて、笑って、慰め合って、喧嘩して、ぶつかっても信じ合えて、安心して眠って、一緒に行きていくのが幸せなこと。」と話す齋藤さん。一緒に暮らす母のリビングで。

2　乳児期に齋藤家で過ごしたのんちゃん。拾ったどんぐりをパパとママにプレゼント

写真：江連麻紀　キャプション：白井千晶

3　お姉ちゃんと、公園で
4　こっちゃんから皆さんへの手紙

稲垣ファミリー

5　自宅前で。てんちゃんはお父さんが大好き。ついついお父さんを見てしまう。
6　娘の友美さん　元委託児、成年後に普通養子縁組、現在はファミリーホーム補助も

7　普通の夕食風景ですが、関係性は様々。生みの親が違う稲垣ファミリーの子どもたち、友美さん（子どもたちにとってはきょうだいで、ファミリーホーム補助員）、主にてんちゃんの補助をするスタッフ（てんちゃんは稲垣さんの家で育ってほしいと訴えた元乳児院職員）
8　昼食のお弁当には手をつけず、大好きな冷凍のカレーうどんを自分で作って食べたてんちゃん　施設なら月単位でメニューが決まる

9　ご飯の支度のとき、危ないため台所に鍵をかけていますが、鍵を開けて入ってもお母さんと一緒にいたいてんちゃん
10　こたつに集まってご飯を待つ時間　なんでもない会話と時々笑い声が聞こえてくる

11　てんちゃんの体調が悪い日曜日　ひと晩中、背中をさすり続けたお父さん
12　部活でバレーをしているにのくんは、朝食から山盛りごはんと、昨日のおでん

13 テレビ見ながら寝る前のパンを食べるあみちゃん（左）と、がんぼちゃん（右）
14 自宅前で

15 「お父さんが干しなおすんだけどね」と笑うりつ子さん 食器乾燥機も薫さんが入れ直すそう
16 りつ子さんが干した洗濯物を干しなおす薫さん　夫婦もそれぞれ個性がある

宇津孝子さん

17　「子どもたちの有り余るエネルギーと自然のチカラを借りて暮らしているの」と宇津さん。自給自足の有機農業の田んぼで

18　のーちゃんとヤギのモカちゃん

19 お菓子を口いっぱい入れる、のーちゃん
20 収穫は子どもたちも参加

21　ケンカして泣くゆーちゃんを慰める宇津さん
22　のーちゃん、ゆーちゃんとモカちゃん　畑近くの道端で

23 のーちゃん、なっちゃん（ママ）、ゆーちゃん、あーちゃん（宇津さん）が池のアメンボを見ているところ
24 フォスター依頼初日にまっすぐここへ。火をおこして昼食。児童相談所でお母さんに会ってきたよという話をする

25 ベイブレードをする男子にまじろうとする、はるくん
26 飼育を委託されている農耕馬

27 お雑煮に入ってた大好きなしめじをてっちゃんからとる、のーちゃん
28 野山で摘んできた季節の花が飾られている玄関

29　夕食を作る宇津さんの足にしがみついて見ているはるくん
30　あーちゃん（宇津さん）に抱っこされたはるくんが、ぼんちゃん（ママ）の妊娠して大きくなったお腹に触れる

31　小さな子は手をつないで。モカちゃんも一緒。
32　うずまきのリビングには暖炉が

33 大きい子は小さい子から抱っこをねだられます
34 大きな女の子がのーちゃんの自転車に乗って。どこまでも私たちの庭。

35　大高家に遊びにきたゆーちゃん
36　畑でとれたかぼちゃ

37 蚕農家だった母屋　煙が上る
38 大高さんちの縁側で。夫婦と、これでも大高さんちの子の一部と、宇津さんちの子の一部。

39 田んぼから帰って、まずはおにぎり。摘んできたヨモギの天ぷら。
40 お散歩

41　はだし
42　あぜを駆ける

43 季節が変わったら、たくさん実りがあることを子どもたちは知っています
44 みんな「のりぴー抱っこ」（規男さんの抱っこ）が大好き

45 たくさん遊んだね
46 思春期をここで過ごした葉月さんの結婚式。みんなでご馳走を作る

47　「いただきます」
48　宇津さん「お腹の赤ちゃんが生まれて育てるときに、葉月が向かい合ういろいろな葛藤に寄り添うこと。それが仕上げだと思っている」

49 野の花を摘んで花束に
50 宇津さん「幸せになれることを子どもたちにも見せてあげたいの」

シンシア・ルーブルさん

51～52　ライフホープ・ネットワークが運営するカフェで

53 馴染みの店で大好きなお好み焼きを焼くマイカくん
54 教会でもギターを披露して拍手喝采

55〜56　近所の公園で

清水徹さん・友里恵さん

57 ゆうちゃんが自主保育で毎日駆けまわっている公園で
58 友里恵さんもりゅうくんも毎日自転車で来て仲間と過ごす

59～62　お菓子をめぐるこの目まぐるしい心の動き

63 ゆうちゃん、家族は「みんなで暮らすっていうことだよ!」と即答

齊藤益子さん

64～65　第二の我が家という、Umiのいえでの撮影。Umiのいえは、フォスターメンバーの齊藤麻紀子が代表。

66～68　あのとき預けたのは「家族を手放さないため」
大切な家族。子どもを助けて、子どもに助けられて。子ども同士が助け合って。

奥田幸世さん

69 ~ 70　未来を見つめる、過去を思う

71　支援する女の子たちが暮らす母子寮で、ジグソーパズルをしながら女の子たちとなにげないおしゃべり

浦河べてるの家　向谷地さん・石川さん・川村さん

72　浦河べてるの家の向谷地生良さん、妻の悦子さん、実子の宣明さん、元里子の吉めぐと、吉めぐの職場・放課後デイケアで昼休みに

73　浦河の丘から冬の海を臨む

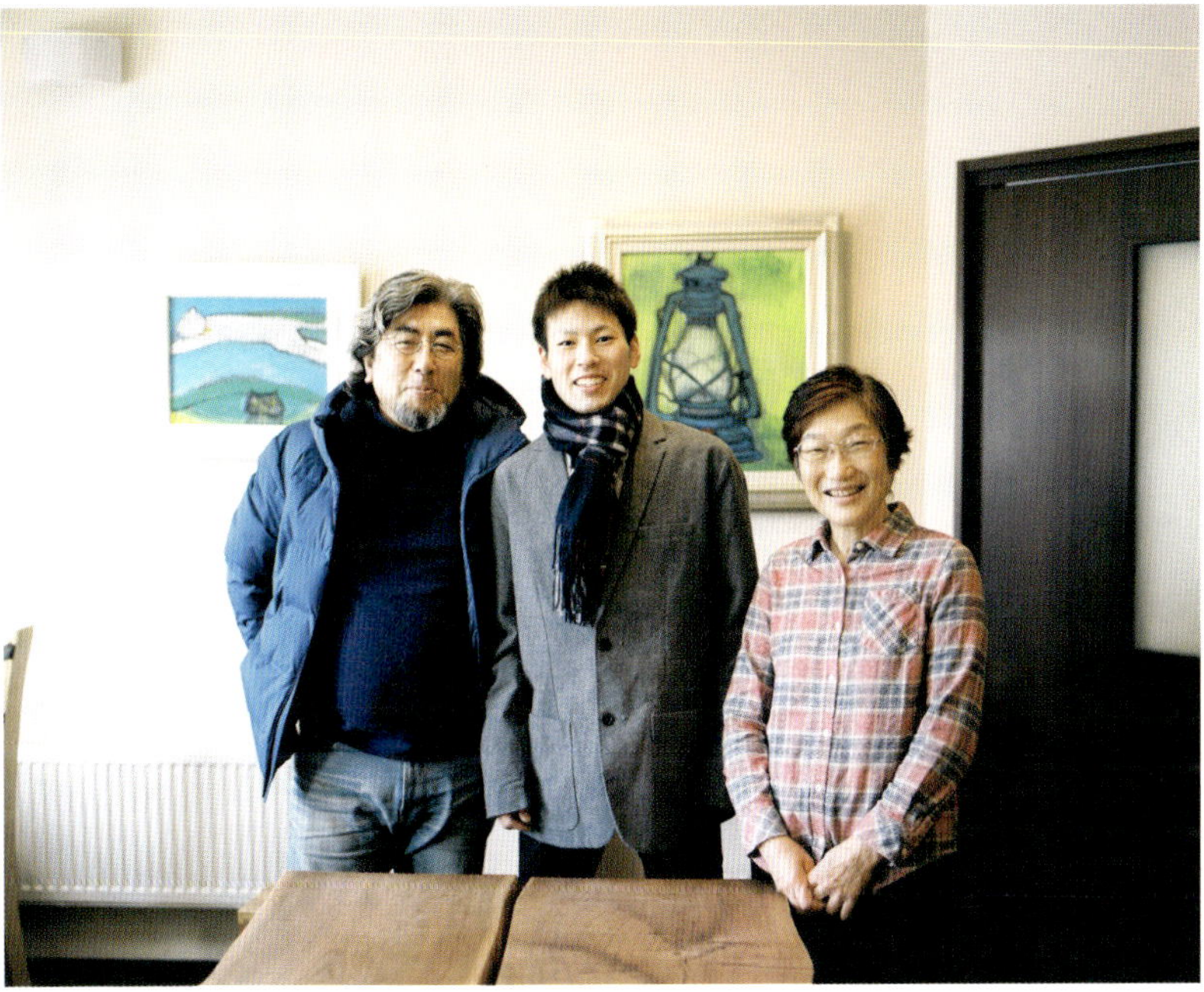

74　琢馬くんの成人式で、父親の石川父ちゃんと
75　琢馬くんの里親家庭、川村敏明先生と和子さん

 当時のことを、「めぐちゃんはよく泣いて、よく固まってたよね。」と笑う彩良さん（こんぶ作業をするニューベてるの休み場で）

若林朋子さん

フォスター

里親家庭・養子縁組家庭・ファミリーホームと社会的養育

白井千晶：著　江連麻紀：写真

目次

はじめに

「カメラが入ったことのない風景がほとんど無くなった時代に、
日本人にとって里親子は見たことのない風景だったんだね」(写真家・平間至)

「写真と言葉でつむぐプロジェクト　フォスター」は、日本で初めての里親・ファミリーホーム・養子縁組の写真展である。なぜ日本初なのか、どのようにして可能になったか説明すると、子どもの福祉の現状、このプロジェクトの目的や位置づけが明確になるだろう。

プライバシーと規則

里親・ファミリーホーム(用語解説はI部)で暮らす子どもの写真展がこれまでなかったことには、いくつかの理由が考えられる。第一に、親権者の同意が必要であること。人には肖像権があるが、それを行使して写真展への出展を同意するのは子どもの親権者(ないし親権を代行する児童相談所)である。親権者の視点で心情を想像してみると、自身の子が預けられていることが他者に知れたり、他者が育てている子どもとして家族写真に写るのは、嬉しいことではないかもしれない。第二に、児童相談所が了承ないし協力しないこと。里親に委託されている子どものうち約三割は虐待を受けている（厚生労働省二〇一三年児童養護施設入所児童等調査結果）。親権者等が子どもの保護や委託に同意しなかった事例もある。[1] 親権者や保護者が子どもと面会、交流している場合をのぞき（あるいは面会・交流している場合であっても）、子どもの所在を親権者・保護者に伝えていない場合が多いという。連れ去り、子どもへの心身への危害の可能性を排除するためである。リスク低減の観点から、委託された子どもの養育者は、写真展への参加はおろか、私的使用の場面でも子どもの写真を控えることが要請されがちである（年賀状、ＳＮＳ等）。

養子縁組であれば、児童相談所が委託（措置）している子どもではなく、親権は育てている親にあるから、写真展出演に障壁はないように思えるかもしれない。しかし、第三に、親や子ども自身の課題がある。例えば、親子が出会った経緯について、まだ子どもにテリング（告知）をしていない、周囲に話していない、など。周囲に話していないのは、本人に間接的に伝わることを恐れていたり、特別視や子どもを傷つけるような発言を懸念していたりするからだと聞く。

こうした背景から、子どもの福祉に詳しい人ほど、写真展の実現に驚いていた。実際、筆者もまた、四年前にメンバーの一人、写真家の江連に里親家庭、養子縁組家庭の写真が撮りたいと言われたときに、まったくイメージがわかなかった。しかし、まだ途上ではあるが、この数年でこの分野を取り巻く環境や、社会の受け止め方は、様々な人びとの発信によって、大きく変化したように思う。かつて筆者が当事者が出演する企画をしたところ、「子どもをさらし者にするんですか」と叱られた。今もあえて公開する必要はないと考える人はいるが、当時のさらし者、見世物にできないという養育者の反応は、それだけ日々日常において、子どもが傷つけられないかアンテナを張る必要があったことを示しているだろう。

とはいえ、現在においても、子どものリスク管理など、写真展に障壁があることも事実である。フォスタープロジェクトでは、第一に当人の参加意思、とくに子どもの意思を尊重した。カメラを持たずに会いに行く。子どもと会う。家族会議の結果を待つ。どうして参加したいのか。何が不安なのか、それはなぜか。子どもと養育者と私たちで子どもの気持ちを聞く集まりもした。親子の環境やリスク、懸念事項や心配事についてもヒアリングした。

児童相談所の委託を受けた子どもについては、親子の意思や同意だけで進めることはできない。趣旨や方法を児童相談所に説明し、所内会議や都道府県市庁で了承を得た。親権者の同意についても、児童相談所や里親・ファミリーホーム運営者を通して、あるいは筆者らが同行して直接説明して了承を得た。子どもは写真展に出展せず大人のみ参加するケースもあった。

個人が特定できる写真やエピソードをどのような状況で公開するか、不特定多数に公開してもよいか、見た人が記録しないような場面ならよいか、特定の地域は公開の仕方を変更するかどうかなどを、展示スタイルや展示地域、メディア公開の方法によって、写真一点一点、確認をおこなった。

生活と生々しさ

プロジェクトが大切にしたいのは、リアルな日常だ。確かに里親、ファミリーホーム、養子縁組というわゆる児童福祉分野のプロジェクトであるが、子どもは里子、養子として生きているわけではないし、言葉は悪いが福祉として育てられたらいい迷惑である。

結果として里親や養親が増えることは望ましいが、このプロジェクトは里親・養親になりませんか、里親・養親を増やしましょうというキャンペーンではない。そういうキャンペーンがなり手を増やすかも疑問だ。親子の生活や子どもの顔が隠されたままキラキラした話や苦悩に満ちた話を聞いても、志の高い福祉の担い手として壇上から講演されても、ますます見えない存在になっていくのではないか。

確かに子どもは背負っているものがあって、育て親は一緒に背負ったり思いを馳せたりして、ただ無邪気に暮らしているわけではないが、日々の日常があることも事実だ。そうした問題意識をもっていたため、私たちは、日常を撮りたい、何を考え、どんな会話をし、どんなことを悩んでいるかを写し取りたいと考えた。台所みたいに、笑顔も喧嘩も食事もすべて、生々しい、彩りあふれる生活を撮りたかった。

実際に、このプロジェクトは、台所から生まれた。子育て・親子・生き方支援の場、Ｕｍｉのいえの台所で、いえの代表（女将）の齋藤麻紀子さんが、写真家の江連麻紀さんに、写真展をして全国を巡回しない？と思いつきのように声をかけたのが二〇一七年七月のこと。それまでＵｍｉのいえでこの分野の講座をしていた社会学研究者の筆者が、被写体として依頼する家族の提案やアレンジ、行政を含めた渉外、企画などの運営とインタビューや文章を担当し、江連が写真を担当して、二〇一七年八月にプロジェクトが始まり、九月に任意団体を立ち上げた。メンバー三人もまた、それぞれの社会的役割を持ちながら、母親であり、台所に立つ生活者でもある。撮影先で手作り味噌をもらったり、子連れで行ったり、なれそめの「恋バナ」を聞いたりした。様々な親子の出会い、色とりどりの多様な家族というと気取りすぎだが、リアルな生活という「生々しさ」「彩り」がこのプロジェクトの軸になっている。

アウトリーチと参加

私たちは写真展フォスターをプロジェクトと呼んでいる。誰もが参加者になり、発信し、それを私たちや他の人びとが受け止めて変化し、また発信するという動的なプロジェクトだ。

例えば、展示しない背景がある子や、アップにしない方がよい子も、フレームから外さず、写真展には展示できない写真もたくさん撮影した。家族の生活を写し取るときに不自然なことはしなかった。写る子にも写らない子にもインスタントカメラを渡し、写すことで写真に参加してもらった。後述するように、子どもが撮った写真は、子どもが見ている家族の顔や風景を私たちに教えてくれた。

写る人の境界を引かずに撮影したら、被写体がどんどん増えた。かつて預かっていた子とその親。委託されている子の生みの親（いわゆる実親）。同居しているスタッフ、子どもが自由に行き来する近所に越してきた里親家庭。かつて委託児だった元子ども。里親の親やきょうだい。彼らにとってその子は、大切な孫、姪や甥だ。よく「撮影したのは何家族か」と聞かれるが、家族に境界を引いて数を数えるのは非常に難しいことがわかった。

写真展は出前型のアウトリーチで、呼ばれれば全国どこでも写真展を開催する。ただ展示するのではなく、私たちや被写体が語ったり参加者と話す。会場でアンケートをとって何を感じたか言葉にしてもらったり、メールで写真や文章を募集して、それをまた展示したり発信したりして投げかける。撮り、撮られるという固定的な関係や、写真を展示して、それを見るという静的な催しではなく、すべての人がエージェンシー（作用因）になりうる、相互作用的で、動的で予測不可能なプロジェクトである。

フォスターと共助

説明があとになったが、英語の「フォスター（foster）」は、（血縁や法的親子関係でなく）育てる、養育する、はぐくむ、親子同様の愛情を与える、養育関係の、という意味だ。日本では、里親・ファミリーホームは児童福祉行政の枠組で、養子縁組すると実子と同じである。制度の違いが用語の違いになって、双方を指す言葉がないため、血縁によらず、あるいは法的関係によらず育てるというフォスターという用語を用いることにした。ちなみにフォスター・ケアは施設養護を含む広い概念である。

制度の違いに関わらずフォスターという用語を使って、法的つながりや血縁的つながりによらない子育てを捉えようとすると同時に、フォスターでは、生みの親もそのままに写し取った。里親・ファミリーホームで暮らす子どもがママ（生みの親、親権者）に会いに行くところに同行したり、施設や里親家庭に籍を置いた元子どもが里親とともに写ったり、生みの父（実父）と写ったりした。養子として自らの子を託した生母も参加してくれた。子ども、養育者、生みの親にはそれぞれの思いや葛藤があるだろうし、互いに互いをおもんぱかったり複雑な感情を抱くこともあるだろう。しかしその三者のトライアングルはどれが欠けても存在し得ない。さらに、生みの親を責めたり疎外することは、子どもを傷つけることにもなりかねない。

現代日本社会では、後述するように、委託児が生みの親と交流するケースは多くないし、里親に預けたり養子に託した経験がある親がこうしたプロジェクトに参加することも多くない。親の複数性をどのように考えていくか、子どもにどんなニーズがあるか、生みの親が経験する喪失体験や自責をどのように癒やすかが今後日本で課題になることを想定して、許される限り、これまで社会から見えにくかったトライアングルの一端を取り上げさせてもらった。

フォスタープロジェクトを進める中で筆者が気づかされたのは、こうしたフォスターのありようを考えることは、福祉の話ではなく社会の話であり、社会的養護の話ではなく子育て（子育ち）の話だということだ。

フォスターが見せてくれたのは、人の暮らしやつながりは多層的に重なり合って、家族に境界が引けないこと。預けた家族と預けられた家族が、親戚のようにつながりを続けていること。子どもを預かった人が、自分が生んだ子どもも預かった子どもも関係なく、他の人に子どもの世話をしてもらっていること。社会的養護という行政の福祉制度によらず、居合わせたみんなで子どもを育てていること。預かった大人が、預けられた子どもに助けられること。子どもを託した人が、子どもを思ったり、父・母、あるいは名前で呼ばれたりすること、だった。

一方で、密室育児、育児不安、家事育児の担い手が一人きりでワン・オペレーションであるワンオペ、児童虐待、待機児童、保育マーケットといった現代日本社会の子どもが育つ環境は、自助（自己責任）と公助（納税と社会保障・福祉）の二極しかない、共助がない環境だ。私たちはどうやったら、暮らしやすい社会を、楽しい子育てを、健やかな育ちを作ることができるのだろうか。

このあと、社会的養護と呼ばれる子どもの福祉分野の現状について概説したあと、「写真と言葉でつむぐプロジェクト　フォスター」にこれまで登場した方々を写真とともに紹介する。始めに託された人、次に託した人、そして最後に託し託されることを紹介しながら、この問いを考えていきたい。副題を社会的養護ではなく社会的養育としたのは、保護された子どもだけでなく、もっと広がりをもって社会で育てる、社会で育つありようを考えたいという思いからである。

■注

1　一時保護は、行政権限でおこなうことができ、必ずしも保護者の同意を必要としない。施設入所や里親委託のような措置については、児童福祉法第二七条第四項で保護者の同意を要する旨の規定があるが、第二八条第一項第一号で、都道府県は（児童相談所は）家庭裁判所の承認を得て措置することができるとある。

フォスターに寄せて

ＮＰＯ法人Ｕｍｉのいえ　齋藤麻紀子

私は、横浜市で子育て支援の場を運営しています。「いのち・こころ・からだ・くらしの学びあいの場～Ｕｍｉのいえ～」という名称で、いのちに関わるあらゆる勉強と語り合いの場を作っています。人を育てるということは苦難が続きますが、本当に学びが多く豊かなことです。ですから、支えと喜びを分かち合う繋がりが必要です。人が人を育てるときに、何より欠かせないのは「人の輪」なのです。

家族の色々を知りたくて

子どもを愛するとは、なんと素晴らしい体験で、なんと難しいことでしょう。自分が産んだから子どもの心がわかるかというと、とんでもなく、心がかきむしられ、ぶつかりあい、思うようにいかず、涙することが何度も何度もあるものです。では、養子縁組をした人、里親になった人たちは、どうしているんだろう……どうやって親子になっていくの？　と知りたくなりました。ひょっとしたら、「血縁」という上にあぐらをかいて、親子の間柄をつむいでいく努力が、浅いこともあるのではないかと思いました。なので、ＮＰＯ法人Ｕｍｉのいえには、妊娠・出産・子育てのルートでたどり着く人が大勢ですが、里親・養子縁組の親子さんにも、もっともっと出会っていきたいなあと思いました。家族にはいろいろな形があること、そして、家族という枠を超えて、みんなで育ちあうことが理想です。フォスターの活動を通じて、「そうあらねばならぬ」という人々の観念が緩んでいく可能性を感じました。家族はいろいろな形があっていい。そして、それを隠すことなく、オープンに分かち合っていいはずだ。もっと話そうよ、家族のこと、生い立ちの事。そんな場づくりをもっと膨らませたいと思いました。

ステップファミリーという形

私自身は、ステップファミリー（子連れ再婚）の環境で育ちました。親が離婚し、それぞれ再婚。父二人、母二人となりました。

初めて、父の好きな人が家に来たのは、私が高校生のとき。かつて実母が立っていた台所に、そのおばさんが立っている。母が使っていた道具、母が使っていた鏡を、おばさんは使いはじめた。ものすごく嫌悪感がわく。でも、美味しいご飯を作ってくれる。家の中が明るくなって、女同士の話もできる。でも、気を使う。母とは違う。でも、父は幸せそうだ。ありがたい。ありがたいが複雑だった。

ちょうど進学に差し掛かり、私は家を出て一人暮らしをはじめた。

たまに実母の新居に行くと、新しいパートナーのおじさんがいる。おじさんは、それはそれは優しくしてくれて、いろんなものを買ってくれたり、食事に連れて行ってくれた。大事にしてもらった。でも、やっぱりそこには、私の居場所は無いように感じた。二人の家なのだ。

ある日、実母がクモ膜下出血で倒れた。いのち危うく大手術をし、障害が残り介護が必要になった。それでも、二番目の父となったおじさんは、母と別れることはなく、一生懸命働き、母を介護し、クタクタになりやがて病気になり、母よりも先に逝ってしまった。最後まで、母を愛し貫いた人。感謝しかない。

実父の後妻になった二番目の母は、私がお産のときにずっとずっと寄り添って腰をさすってくれた。長い時間、一緒に陣痛を乗り越えてくれた。ずっと手を握っていてくれた。そして赤ちゃんを産んだ瞬間、初めて心からその人に「お母さんありがとう」と言えた。我が子を、本当の孫のように愛し可愛がってくれる。血は繋がっていないけど、この人の孫なんだと心から思えた。お産は家族を一つにしてくれた。

いのちの危機のとき、いのちが逝くとき、そして生まれるときに、血縁を超えた深い繋がりを得られたのです。血がつながっていなくても、家族になれるのだと実感したのです。四人の親に挟まれ、翻弄されもしましたが、その親たちの気持ちもようやくわかりました。愛も憎しみも、やきもちもひがみも、良いことも嫌なことも全部ひっくるめて、この間柄はすべて私の命となっているのです。

さらに血縁を超えたワールドファミリー

さて、私も離婚し再婚をしています。二番目の夫は、我が子を大事にして進学を支えてくれました。子どもたちは無事に自立しそれぞれが結婚にいたりました。長女の結婚式のときには、元夫も参列。娘にとって二人の父がいる式となりました。記念写真を撮ると、実の親子が並んだ笑顔はそっくりで肌がすぐになじんでいく空気感がありました。それをみて、「実父にはかなわないな」と今の夫がつぶやきました。胸が痛くなりました。一生懸命学費を稼いで育てた夫には申し訳なく思いました。実親にはかなわない。確かにそういう面もある。でも、子どもたちの中には、これまで一緒に暮らしてきた日々の様々なことが、知性感性に染み込んでいるはずだ。式には元夫の奥さんも参列。「これからはワールドファミリーだ」とニッコリ笑う娘に導かれた、ある種の悟り。おめでとう、ありがとうと泣くしかなかったです。

血縁とはいったいなんでしょう。家族とはいったいなんでしょう。その答えはどこにもないけれど、愛を学ぶための集団なのかなあと、今はそう思います。

実母は晩年、特別養護老人ホームの職員さんが家族でした。その数年、母をよく理解している人は、もはや娘の私ではありませんでした。「親身になる」という言葉がある日本。親族を超えた繋がりも、途絶えることなく豊かでありますように。

I　社会的養護概説

社会的養護とは

所管の厚生労働省は社会的養護を「保護者のない児童、被虐待児など家庭環境上養護を必要とする児童などに対し、公的な責任として、社会的に養護を行う」ことと定義している。国連では「代替的養育（alternative care）」と呼ばれるが、要するに、親の代わりに社会的責任で子どもを育てることをいう（やや詳しく言えば、代替的養育は、親族による私的な代替を含むこともある）。

前章で、フォスターケア（foster care）は、施設を含む幅広い概念だと書いたが、現実には、欧米では社会的養護の六～八割が里親で、日本でいう施設も六～八人程度のグループホームが多いから、海外の人がフォスターケアと聞いて、日本のような定員一〇〇人の男女別、小中高生別、大部屋の施設を想像することはまずないだろう（生活単位が二〇名以上の施設は大舎制と呼ばれる）。日本では社会的養護のうち里親およびファミリーホームに委託されている子どもの割合は一九・七％しかない（二〇一八年三月現在）。

里親、ファミリーホーム、施設（乳児院、児童養護施設、児童心理治療施設、児童自立支援施設、母子生活支援施設、自立援助ホーム）のそれぞれの概況は、図1に示した通りだ。

子どもはどのような事由で社会的養護を受けるのだろうか。言い換えれば子どもを預ける親の事情はなんだろうか。厚生労働省が五年おきに実施している「児童養護施設入所児童等調査

図１　里親、ファミリーホーム、施設の概要

里親数、施設数、児童数等

保護者のない児童、被虐待児など家庭環境上養護を必要とする児童などに対し、公的な責任として、社会的に養護を行う。対象児童は、約４万５千人。

里親	家庭における養育を里親に委託	登録里親数	委託里親数	委託児童数
区分（里親は重複登録有り）	養育里親	9,592 世帯	3,326 世帯	4,134 人
	専門里親	702 世帯	196 世帯	221 人
	養子縁組里親	3,781 世帯	299 世帯	299 人
	親族里親	560 世帯	543 世帯	770 人

ファミリーホーム	養育者の住居において家庭養護を行う（定員５～６名）
ホーム数	347 か所
委託児童数	1,434 人

施設	乳児院	児童養護施設	児童心理治療施設	児童自立支援施設	母子生活支援施設	自立援助ホーム
対象児童	乳児（特に必要な場合は、幼児を含む）	保護者のない児童、虐待されている児童その他環境上養護を要する児童（特に必要な場合は、乳児を含む）	家庭環境、学校における交友関係その他の環境上の理由により社会生活への適応が困難となった児童	不良行為をなし、又はなすおそれのある児童及び家庭環境その他の環境上の理由により生活指導等を要する児童	配偶者のない女子又はこれに準ずる事情にある女子及びその者の監護すべき児童	義務教育を終了した児童であって、児童養護施設等を退所した児童等
施設数	140 か所	605 か所	46 か所	58 か所	227 か所	154 か所
定員	3,900 人	32,253 人	1,892 人	3,637 人	4,648 世帯	1,012 人
現員	2,706 人	25,282 人	1,280 人	1,309 人	3,789 世帯 児童 6,346 人	573 人
職員総数	4,921 人	17,883 人	1,309 人	1,838 人	1,994 人	687 人

小規模グループケア	1,620 か所
地域小規模児童養護施設	391 か所

※里親数、ＦＨホーム数、委託児童数、乳児院・児童養護施設・児童心理治療施設・母子生活支 援施設の施設数・定員・現員は福祉行政報告例（平成 30 年 3 月末現在）
※児童自立支援施設・自立援助ホームの施設数・定員・現員、小規模グループケア、地域小規模 児童養護施設のか所数は家庭福祉課調べ（平成 29 年 10 月 1 日現在）
※職員数（自立援助ホームを除く）は、社会福祉施設等調査報告（平成 29 年 10 月 1 日現在）
※自立援助ホームの職員数は家庭福祉課調べ（平成 29 年 3 月 1 日現在）
※児童自立支援施設は、国立 2 施設を含む

出典：厚生労働省サイト（「社会的養育の推進に向けて」平成 31 年 1 月版）

結果」によれば、措置の理由として最も割合が高いのは「虐待」で三七・九％、「（父・母の）精神疾患等」一二・三％、「破産等の経済的理由」五・九％と続く（二〇一三年二月一日現在）。これは主な理由であり、「虐待を受けたか否か」（正確には虐待を受けたことがわかったか否か）で見ると、児童養護施設に在籍する子どもの五九・五％、里親に委託されている子どもの三一・一％には被虐待体験があることが分かっている（同調査）。

経年で比較してみると、図2に示したデータの昭和五八年（一九八三年）には、「（父・母・父母の）行方不明」二八・四％、「父母の離婚」二一・〇％、

図２　児童の措置理由（養護問題発生理由）

単位：人数（人）、［ ］構成割合（％）

	H25	H15	H4	S58
（父・母・父母の）死亡	663［2.2］	912［3.0］	1,246［4.7］	3,070［9.6］
（父・母・父母の）行方 不明	1,279［4.3］	3,333［11.0］	4,942［18.5］	9,100［28.4］
父母の離婚	872［2.9］	1,983［6.5］	3,475［13.0］	6,720［21.0］
父母の不和	233［0.8］	262［0.9］	429［1.6］	630［2.0］
（父・母の）拘禁	1,456［4.9］	1,451［4.8］	1,083［4.1］	1,220［3.8］
（父・母の）入院	1,304［4.3］	2,128［7.0］	3,019［11.3］	4,090［12.8］
（父・母の）就労	1,730［5.8］	3,537［11.6］	2,968［11.1］	220［0.7］
（父・母の）精神疾患等	3,697［12.3］	2,479［8.2］	1,495［5.6］	1,760［5.5］
虐待（放任・怠惰、虐待・酷使、棄児、養育拒否）	11,377［37.9］	8,340［27.4］	4,268［16.0］	2,890［9.0］
破産等の経済的理由	1,762［5.9］	2,452［8.1］	939［3.5］	
児童問題による監護困難	1,130［3.8］	1,139［3.7］	1,662［6.2］	
その他・不詳	4,476［14.9］	2,400［7.9］	1,199［4.5］	2,340［7.3］
総　数	29,979［100.0］	30,416［100.0］	26,725［100.0］	32,040［100.0］

児童養護施設入所児童等調査結果　出典：厚生労働省サイト（「社会的養護の推進に向けて」（平成 31 年 1 月版）

「(父・母の)入院」一二・八%で、「虐待」は九・〇%しかない。現代では、父母の死亡や行方不明、父母が離婚や入院で育てられないことよりも、虐待が措置の主な理由になっていることがわかる。

里親、ファミリーホーム、養子縁組とは

現在の公的な里親制度は第二次世界大戦後に児童福祉法で定められたもので、都道府県市の認定を受けて、児童相談所の委託を受けて育てる。子どもは児童相談所の措置として委託される。子どもが社会的養護を必要とする理由は、虐待、経済的問題、ひとり親や親の病気など子育てできない事情、遺棄や置き去り、親の死亡など様々で、社会的養護になった理由が解消されて元の家庭に戻ったり、親族が引き取ったり、子どもが自立したりする。したがって、里親に委託されるときの子どもの年齢は〇~一八歳までと幅があり、前に生活していた場所も家庭だったり、児童福祉施設や他の里親だったり、生まれた病院から直接来たりと様々、里親家庭で暮らす期間も様々である。里親は子どもの親権をおこなわず(平易にいえば子どもの親権をもたず)、監護権はもつ。里親には、短期から中長期に養育する養育里親、将来の養子縁組を前提とした養子縁組里親、被虐待児や障害児などの養育に必要な専門的知識・技能をもつ専門里親、甥姪など親族を養育する親族里親の四種がある。法律には夫婦でなければならない決まりはなく、自治体ごとに基準をもっている。委託されると生活費として子ども一人あたり毎月五万円程度が支払われ(教育費や医療費等は別途)、里親には八~一三万円の手当が支払われる(二人目以降は約四~九万円の加算)。

ただし、養子縁組里親と親族里親には子どもの生活費のみで里親への手当はない。養子縁組が成立すると委託（措置）ではなくなるから、生活費の支給も終了する。ちなみに施設には児童一人あたり平均月三〇万円が支払われている。

　ファミリーホームの正式名称は小規模住居型児童養育事業といい、各自治体が独自の制度をもっていたものが、二〇〇七年に国の制度として統一された。里親が大人数を養育できるように、補助者（家事援助のアルバイト等）の費用も補助して、子どもを六人まで受託できる事業で、開始には都道府県市の承認が必要だ。里親は実子や孫など委託児以外の子どもも含めて六人まで、委託は一～四人までだが、ファミリーホームは実子など委託児以外を数に含まずに、六人まで受託できる。養育者の家庭に迎え入れる、つまり養育者の生活拠点がファミリーホームにあって寝食を共にする点で施設とは異なっていて、ファミリーホームは、里親が大きくなったもので、施設が小さくなったものではない。施設の「家庭的」養育と、実際の「家庭」養育の区別は、養育者にとってもそれが家庭であるかどうかに置かれている。ただし国は児童養護施設など社会福祉法人がファミリーホームを開設することを認めており、児童養護施設での勤務経験三年以上など、里親認定をもたなくても運営者になることができる。

　里親、ファミリーホームは公的な児童福祉制度であるのに対し、日本では養子縁組は私的な位置づけである。欧米の養子縁組は子どもの福祉目的で、子どもが成人になるまで手当が支給されたり、養子縁組に支払った費用が控除されるなど、公的な支援がある。一方、日本では、成人間の養子縁組など、目的が子どもの福祉に限られず、親子関係が成立したら、親族は互いに扶養義務をもつから、養子縁組を事由とした経済的援助はない。

もう少し詳しく説明すると、日本の養子縁組は、家の継承、相続、親族関係の形成、婚外子の入籍など多様な目的でおこなわれ、国の法律として初めて養子縁組が定められたいわゆる明治民法もそれを継承した。子どもの養育が目的とは限らないため、大人の単身者同士の養子縁組や、祖父母が孫を養子にしたり、娘の夫を養子にしたり（婿養子）、交際相手（内縁者）を養子にしたりと、様々だった。未成年者を養子にする場合、自己または配偶者の直系卑属を養子にするとき（例えば配偶者の連れ子を養子にするとき）以外は家庭裁判所の許可を必要とするが、それ以外は当人の合意と届出のみで成立する。

それに対して、子どもの福祉（法文では利益）のために一九八七年に新設されたのが特別養子縁組だ（一九八八年施行）。養子にする子どもは六歳までで（現在年齢上限が審議中）、養親は婚姻している二五歳以上の夫婦に限られる。実方との親族関係を終了し、養子は実子と同等の地位を与えられる。原則的に離縁はできず、子どもに安定的で永続的な親子関係が作られる。子どもを六ヶ月以上育てて、調査官などの面接を経て、家庭裁判所が申し立てを認容する審判をしないと成立しない。特別養子縁組が制度化されたために、先述の養子縁組は、普通養子縁組と呼ばれるようになった。[2]

里親、ファミリーホームは都道府県市の認定や承認を得て、行政から子どもを受託して生活費や事業費を受け取るが、未成年の養子縁組は家庭裁判所の許可か審判を受けるのみで、あとは実親子と同じだから、里親認定は不要だし、行政の指針や指導もなく、特段の経済的手当もない。子どもと出会う方法も、行政（児童相談所）の紹介に限らない。民間団体の紹介、知人や親族同士など、多様な経路がある。子どもを迎え入れたら、児童相談所に同居の届出をし、先述のように一定期間を経たら、養親希望者が家庭裁判所に申し立てることができる。

ただし、特別養子縁組制度が成立したときに、人身売買など営利目的で子どもの養子縁組仲介がおこなわれないよう、民間団体の活動は社会福祉法の第二種社会福祉事業として定められた。二〇一八年からいわゆる養子縁組あっせん法が施行されて、要件や手続きが法律化されたと同時に、民間団体は都道府県の許可を得なければ事業を行なうことができなくなった（それまでは届出制で都道府県の指導を受けていた）。

以上の概略は、表1のようにまとめられよう。

子どもの福祉の目的とした普通養子縁組もあるが、この表

表1　里親、ファミリーホーム、特別養子縁組の概略

	里親	ファミリーホーム	特別養子縁組
資格	都道府県市の里親認定	都道府県市の事業承認	児童相談所からの場合は里親認定が必要、民間団体の場合は各団体の研修と審査
養育者	年齢制限撤廃、法律では夫婦に限らない	里親経験者、児童福祉施設勤務経験者等	婚姻している25歳以上の夫婦
子どもを迎える方法	児童相談所からの措置	児童相談所からの措置	里親として児童相談所から措置 民間団体等からの委託
子どもの親権	養育者は親権をおこなわない	養育者は親権をおこなわない	養親が親権をおこなう
経済	子どもの生活費と里親手当が支給される	事業費が支給される	とくになし
養育の期間	措置解除や措置変更まで	措置解除や措置変更まで	離縁できない

1では省略した。

里親、ファミリーホーム、養子縁組の多様なありよう

実際の里親家庭、ファミリーホーム、養子縁組家族のありようは、このあとの各章で示すが、冒頭で強調しておきたいのは、育てる人も、育つ子どもも、経緯や事情、背景、動機、年齢や家族構成など、実に多様だということだ。

身近に当事者があまりいない人は、血縁的つながりをもたないで子どもを迎えるのは、不妊治療をしても授からなかったからだと思っているかもしれない。しかし子育てが終わった人もいれば、子育てをしながらの人もいる。親子で里親をしている人もいる。

筆者らが二〇一二年に実施した里親とファミリーホームを対象にした調査では、里親は二〇代から七〇代まで幅広く、配偶者がいて同居している人が九六・三％だった。[3] 回答者の半数は実子（養子を含む）が同居していて、元委託児（児童年齢を超えて措置解除になった元子ども）が同居している人も一一・七％いた。養子縁組した子がいるのは二五・四％だった。里親になった理由は子どもの福祉のためが四九・一％、実子がいないが四九・六％、社会貢献が二五・八％などである（複数回答）。児童養護施設に勤務した経験がある人が一二・二％いる他、教育職、保育職、行政福祉職など、仕事として関わっていた経験がある人も少なくない。子育てには、保護者仲間、里親仲間、学校や保育園、児童相談所など多くの助けを得ていると回答する一方で、民生委員、保護司、Ｐ

ＴＡ役員や町内会、補導委託など、様々な地域貢献もしていた。委託されている子どもと養子縁組したいと回答する里親がいる一方で、多くの子どもの居場所になっているので、養子縁組は難しいと回答する里親もいた。中高生が下宿やホームステイのように暮らす家もあれば、一～二名の子を長期に養育し、経験数は多くない里親もいる（白井編 2013）。

ファミリーホームも同様に様々だ。筆者が二〇一三年に実施した調査では、八割は養育者が里親で自らの住居をファミリーホームにしていたが、児童養護施設勤務経験者が自らの住居をファミリーホームにしている者が一二・六％、法人事業者が職員を養育者にしている者が六・九％あった。里親経験者でも、施設勤務経験者でも、法人設置型でも、同性の二人が主たる養育者であるケースがある（例えば母娘、職員二人など）。里親夫婦が運営する場合でも、補助者は親族だったり、知人等を非常勤雇用したり、夫婦の一人は他に仕事を持っていたり、年齢も三〇代から七〇代までと幅広い。委託児と同年代の実子がいたり、巣立った実子がいたり、元委託児や養子がいたり、祖父母などその他の親族が同居していたりと、構成もバラエティー豊かだ。中には、週末里親など児童養護施設から短期に滞在している子どももいる（白井編 2014）。

表２　現代社会の子どもの状況

体外受精・顕微授精等による出生数（2016年）	乳児院・児童養護施設在籍児童数（2017年）	里親・ファミリーホーム在籍児童数（2017年）	特別養子縁組成立数（2017年）	参考：アメリカの養子縁組数
51,001人	29,250人	6,546人	616件	新生児だけで13,000～14,000人という(1) 119,514人（2012年）

（1）Smith Susan, 2006, Safeguarding the Rights and Well-Being of Birthparents in the Adoption Process

養子縁組は、里親、ファミリーホームと比較すると実子が生まれなかったことがきっかけである割合は高いが、複数の養子がいたり、実子がいて養子を迎えたり、里親が委託された子と（あるいはその中の一部と）養子縁組したり、養子を迎えたあとに委託児を受託したりと様々である。単身者が普通養子縁組で子どもを迎えることもある。

古今東西の社会的養護

多様性を強調してきたが、相対的にみると、現代日本のフォスターの規模は小さくなっている。図３は第二次世界大戦後か

図３　戦後日本の子どもの状況

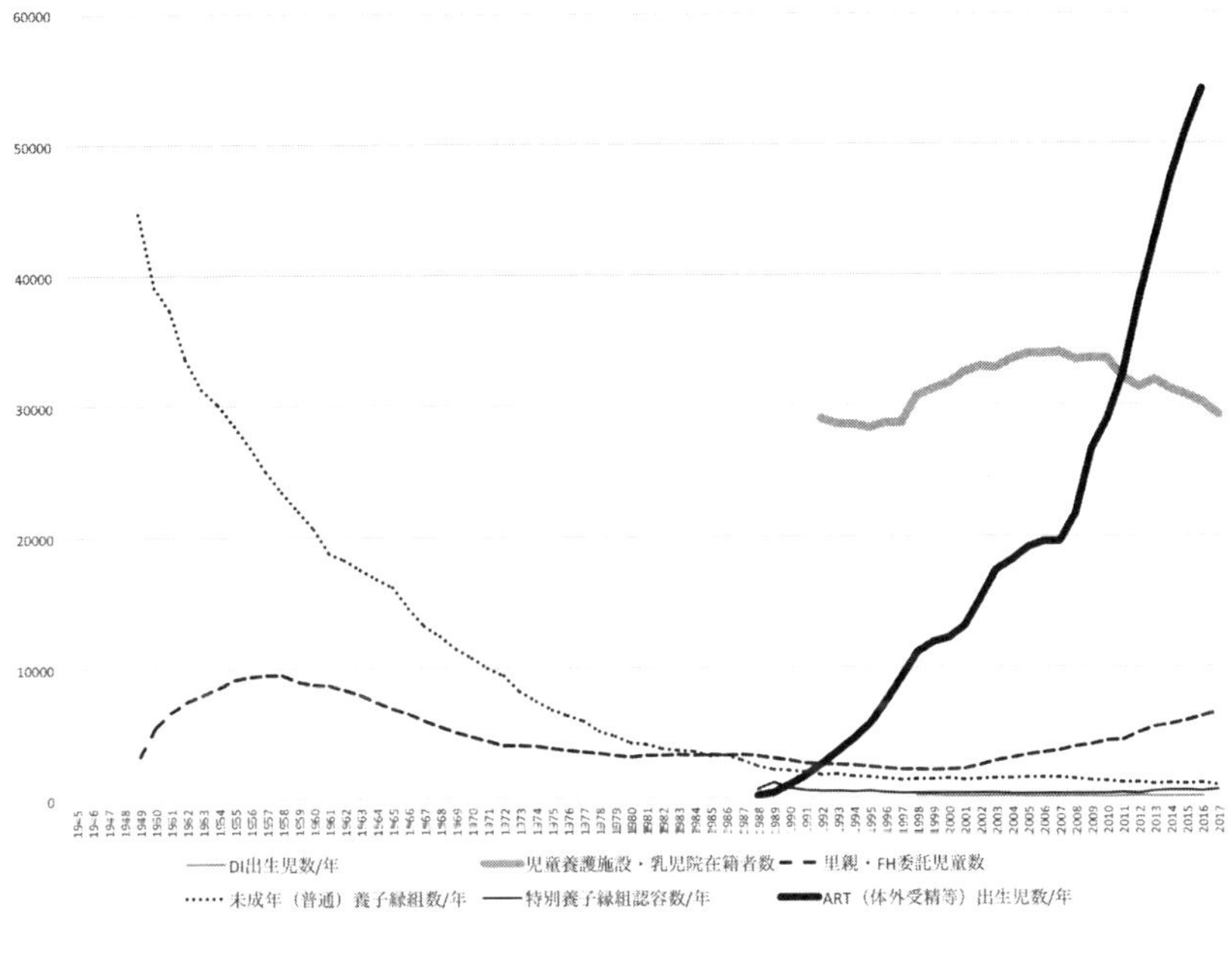

ら現在までの子どもの状況に関する統計をまとめたもので、戦後、未成年の（普通）養子縁組が急激に低下し、一九五〇年代に増大した里親委託児も半減した一方、乳児院・児童養護施設在籍児は減っていないことがわかる。特別養子縁組も、数としては非常に少ない。この図で唯一右肩上がりに急増しているのは、体外受精や顕微授精などART（生殖補助技術）による出生児数だ。人工授精や薬物療法などの一般不妊治療は統計が取られていないから不明だが、ホルモン剤や超音波画像診断装置（エコー）をはじめとするテクノロジーの発達によって、増大していることが予想できる。排卵誘発剤やエコーの普及の時期と合わせ、一九七〇年代から一九八〇年代が、「よそで生まれた子どもよりも、不妊治療してでも夫婦の（遺伝的／血の）つながりをもつ子どもを」求める転機になっているのではないか。生殖技術を利用した子の出生において、顕微授精や精巣内から精子を採取する方法の進歩によって、精子提供を受けて人工授精するDIは年に一〇〇人以下の出生と非常に少なくなった。

テクノロジーを使用して夫婦間の遺伝的／血のつながりをもつ子どもを希求するのは、近代社会の世界的なベクトルかもしれないが、表2に示したように、アメリカ合衆国では新生児の養子縁組だけでも、日本の特別養子縁組の約三〇倍の規模があり（人口は日本の二倍に過ぎない）、社会的養護のシステム、家族の多様性、家族に関する規範、虐待への対応や親権などに関する法制度、人工妊娠中絶やひとり親など他の選択肢の可能性、宗教など様々な要素によって、子どもの状況は異なっている。

■注

1　例えば、「地域小規模児童養護施設」「小規模グループケア」といって、一軒家などを借りて固定的な少人数で暮らし、調理や入浴もその住宅でおこなうようなグループホームなどがある。しかし職員は社会福祉法人の被雇用者でシフト制で通勤するなど、職員にとっては家庭ではない。

2　子どもの福祉のために普通養子縁組が使われることもある。委託時に六歳を超えている場合や、実方との親族関係を終了しないことが子どもの利益になっている場合などである。一五歳以上の子どもは実父母の同意がなくても家庭裁判所に普通養子縁組の許可を求めることができるため、委託児が養育者と普通養子縁組することもある。成人になれば家庭裁判所の許可も不要だ。

3　法制度上、婚姻している夫婦に規定していない。夫婦の一人が里親になったり、養育をともに担える他の同居人がいたり（親や子など親族、事実婚や同性パートナーなど）、近隣に養育を十分に助けられる人がいたりと、養育に支障ないかが検討される。ちなみに養子縁組についてみると、特別養子縁組は婚姻している夫婦に限定されるが、これは当然のことながら性同一性障害で性別変更して婚姻した夫婦を含む。普通養子縁組は、親は夫婦、同性カップルや事実婚など非法律婚、単身者を問わない。

■参考引用文献

白井千晶編 2013『社会的養護における家庭養護に関するアンケート：里親・ファミリーホーム』東洋大学社会調査および実習報告書
白井千晶編 2014『ファミリーホームの現状に関する調査』東洋大学社会調査および実習報告書

Ⅱ　託される

1　大塚美奈子さん（里親）――家庭養護とは家族としての成長

美奈子《みなこ》さんは、児童相談所の職員で、里親でもある。昼間は預ける側、夜は預かる側と笑っている。家庭で、仕事で、市民として、フォスターを実践している人だ。

美奈子さんは、東日本大震災をきっかけに、うちも何かできないかと里親になった。不妊治療をしてもいたが、だから里親になったというわけでもない。実際、二人迎えた子どもには、「これから生まれるかもしれないよ」と言っていた。今里親になろうとする人は、「不妊治療をやりきって」「最後の手段として」里親になることを決心し、できるだけ小さな乳幼児を養子縁組前提で迎えたいと考えている人が少なくない。「児童自立支援施設や児童養護施設の職員をした経験をみて、中高生のそれこそ元非行少年ですみたいな男の子が来ると思っていたから、小さな二人兄弟と聞いて驚いた」と美奈子さんは言う。

「カムアウト」

美奈子さんと夫の翔平《しょうへい》さんは、中学生、小学生になった哉太《かなた》君、拓哉《たくや》君と何度も話し合って、フォスターに出ることを決めた。「とうちゃんとかあちゃんは優しい。写真展を見て、困ってる子どもたちのための里親さんが増えたらいい」というのが理由だ。

その前から身近な友達には、里親家庭だと「カムアウト」していた。毎週末一緒に過ごすサッカーは特に家族ぐるみの付き合いで、話しやすかったという。

二人にとって最初に越えたチャレンジは、学校のクラスでの発表だ。拓哉君は「二分の一成人式」で、同じ日の自分のことを調べて発表する「自分はっけん」で哉太君も、授業参観の親たちも見守る中で作文を読み、パパは別のところにいること、父ちゃんと母ちゃんは里親であることを発表した。

教室では、拓哉君も保護者も涙したという。その後、クラスの友達の親から電話がかかってきて、「うちの子が、拓哉君がいじめられたら助けると言ってます」という。拓哉君は「当たり前だよ、僕だって、その子がいじめられていたら助けるよ」と答えたそうだ。里子(委託児)だから助けるべきというのは、大人の枠組みなのだろう。

そんなチャレンジを経て、今回美奈子さんの家族は、フォスター展に参加するか、新聞の取材を受けるか、写真展や新聞で名前の表記をどうするかも、家族会議をして何度も何度も話し合ったそうだ。「友達が見て、どうして写真展に出てるの？って聞かれたら困る」という二人に対して、美奈子さんが「こういう家が増えたらいいなって思うからだよ！」と説明すればいいと返答。哉太君、拓哉君の気持ちがすとんと降りたそうだ。

ソーシャルワークの理念

美奈子さんはフォスター展に参加したい、という意向を児童相談所に伝えた。同時に、フォスターからは、写真展の開催の仕方、展示の方法、細かな条件に沿うことができることを説明した。児童相談所では、会議が開催され、哉太君、拓哉君を担当する児童福祉司を中心に、リスクや配慮すべき点、手順や条件について話し合いがもたれた。

哉太君、拓哉君は、パパに会っているのだが、児童相談所が写真展の趣旨と参加の希望を伝え、親権者としての考えを尋ねてくれた。すると、「いいですよ、うちの子、かわいいから」という返答だったという。

「かわいいから」という言葉に筆者は惹きつけられた。美奈子さんもまた、同じことを言っていたのである。「写真展がだめでも、撮影はしてほしい。子どもたちの写真をパパさんにプレゼントしたいんです。二人はすごくかわいいから」。

親権者が同意してくれ、児童相談所も、「子どもたちの希望を叶えるためには、どうすればいいか」という観点から話し合いをしてくれた。子どもを中心にして、意向の実現とリスク管理をしようとする児童相談所の実践は、ソーシャルワークの本来の形だと思った。親権者、養育者、児童相談所が、子どものためのチームになっていることを見せてもらった。美奈子さんもまた、「子どもの実父とはお会いしたことがないのだけれど、会ったこともない人と、こんなに信頼関係を感じることができるとは想像していなかった」という。

家庭養護とは

子どもたちが撮った写真には、父ちゃんのほろ酔いの顔があった。施設の職員なら、勤務中なので、お酒は飲まないし、トランクスで歩かないし、職員同士で手をつながないし、喧嘩もしない。子どもが切り取る「ほろ酔いの父ちゃん」ほど、家庭養護とは何かを説明してくれるものはない。

当初、国が里親家庭、養子縁組家庭、ファミリーホームも「家庭的養護」と呼んだことから、「家庭的養護とは何か」が議論になったが、その後、国はファミリーホームの要件を明確化し、家庭的養護と家庭養護の概念整理を示したことから、国が考える家庭的養護と家庭養護の内容が明らかになった。

ファミリーホームは、児童養護施設（法人）が設置することもできる。従って、ファミリーホームと施設分園型のグループホームとの境界が曖昧だった。これに対し、厚労省社会保障審議会において、「ファミリーホームの要件の明確化」（厚労省、二〇一二年一月）が示され、設置運営主体は法人でもよいが（法人がファミリーホームを設置して職員に担わせてもよいし、事業として小規模施設としての規則が適用される）、「養育者はファミリーホームに生活の本拠を置く者」とされた。同時に、「家庭養護と家庭的養護の整理」（厚労省、二〇一二年一月）では、家庭養護は、「養育者の家庭に迎え入れるもの」で、国連の代替的養護の指針と照らし合わせると、家庭養護は family-based care、家庭的養護は family-like care とされた。つまり、児童福祉が理念とする「家庭」とは、養育者の生活の本拠がそこにあるということだ。

では「家庭的」とは何かというと、「家庭ではないが、家庭のようである」ことだ。国はこの「家庭的」である要件として、「小規模」という形式を示した。「社会的養護の課題と将来像の実現に向けて」(2011)で、「小規模化の意義」として示された事例は、「日課や規則が柔軟にできる」「個別の状況に合わせた対応が取りやすい」「生活の中で暮らし方を教えやすい」「家庭に近い生活体験が持ちやすい」、などで、国が持っている「家庭的養護」のイメージは、生活体験、個別性であることがよくわかる。

規模が小さいだけでは、「ほろ酔いの父ちゃん」が写真に収められることはないだろう。生活の本拠がそこにあること、家庭に迎え入れることが、家庭養護の根幹であることがよくわかる。否、家庭に迎え入れるというより、子どもとともに家庭を作っていくのだということを、この家族は示してくれているのではないだろうか。

「写真展フォスターに参加して」

家族写真は子ども達が我が家にきてから毎年撮っている。写真館に行ったこともあれば、屋外でカメラマンに撮ってもらったことも。それはあくまでも、家族の成長の記録。いや、もしかすると、家族であることの象徴、家族であることの証しのような意味だったのかもしれない。私たちにとって。

しかし、子ども達との生活も六年目に入ると、我が家はすでに家族であることの証しを必要とする時期を過ぎ、家族写真は単純に家族の楽しみになっていた。

フォスター写真展参加のお話を頂いたのは、そんなある日のことだった。

里親家庭であることを意識せず、一般家庭となんら変わらない毎日になってきた頃に改めて『里親家庭の写真展』に参加するというのは、我が家にとって新たな挑戦だった。

まず、子ども達の反応が複雑だった。学校ではある程度里親家庭であることをオープンにしていたものの、完全に（しかも写真展という形で）オープンにすることに不安と抵抗を感じたようである。この、子ども達が持っている潜在的な里親家庭に関するマイナスイメージについて、なぜそういう気持ちになるのかも含めてとことん話し合えたのは、貴重な機会だった。

次に、顔が出る写真展に加え、名前も出すことについての意味も家族で話し合った。児童相談所や実親の承諾も必要だった。写真展に参加してすることが子供達にとってどういう意味を持つのだろう、どういうメリットデメリットがあるのだろうと、児童相談所が真剣に協議してくれた。そして、我が家の子ども達にとっても、全ての里親家庭の子ども達にとっても、更には里親制度の認知度向上のためにも意義のあることだと理解してくれて、その認識を実親とも共有して下さった。

フォスター写真展に参加することで、わが家はまた一つ、家族として成長したように思う。そして、家族であることに血縁関係は必要無いと改めて感じている。

写真展を見て下さった方は、どのような感想を持たれるのだろうか。楽しみである。

平成三〇年一〇月吉日

大塚美奈子

哉太くんがフォスター展にあたって主催行政に依頼されて寄せた感想

フォスター写真展に参加して

1.最初に話を聞いた時に思ったことは?
・うちが里親って事を知らない友達がいるから、そういう友達に変に注目されるのがいやでした。
2.家族でどんな話し合いをしたか?
・ぼくたちが勇気を出して参加することでほかの里子さんたちも勇気がでたり、里子であることに自信を持てたりするんじゃないかと思うようになりました。
3.写真を撮ってもらう中で感じたことは?
・フィルムのカメラだったからどんなふうに写っているのかその場では確認できないから出来上がりが楽しみだった。
・家族の写真をほかの人が見たらどういうふうに思うのかな?と思った。
4.参加してみて思ったことは?
・最初は心配だったけど、写真展に出たらみんながほめてくれたから出てよかったと思う。
・この写真展をきっかけにたくさんの人に里親子のことを知ってほしい。

拓哉君がフォスター展にあたって主催行政に依頼されて寄せた感想

フォスター写真展に参加して

1最初に話を聞いた時に思ったことは?
・里親ということをクラスでしか話さなかったから一度に広まってしまうしみんなに、うわさされるのがいやだなと思いました。

2家族でどんな話し合いをしたか?
・うわさされて何がいやなのか話し合っているうちに、はずかしがることなんて、何もないんだと思うようになり写真展に出られることが楽しみになりました。

3写真を撮ってもらう中で感じたこと?
・家族で仲よくご飯を食べているのも撮ってほしかったけど、せっかくだから、ぼくのかっこいいところを撮ってほしいなと思いました。

4参加してみて思ったことは?
写真をとってほしいけど、ぼくたちみたいな、里親さんがふえてほしいなと思いました。
最初ははずかしい気持ちでいっぱいだったけど、フォスター写真展を終えてみたら楽しかったです。

2　齋藤直巨さん・竜さん（里親）――子ども本人の尊重とは

地域で子育て

齋藤直巨《なおみ》さんは、子育て支援をしているファミリーサポート[1]が「お泊りありの子育て支援としての里親」へ拡大できないかと活動している里親だ。アメリカの里親家庭同士の支え合いのしくみであるモッキンバード・ファミリー、イギリスの里親研修プログラムであるフォスタリングチェンジの研修など、里親同士の支えあいも学びながら、地域社会全体で子どもを支える仕組みを呼びかけている。ファミリーサポートは、希薄になった地域住民のネットワークを自治体が結び直して、預けたり預かったりの助け合いを支えることをコンセプトにしているが、里親も同じように地域の共同養育という考えだ。

撮影では、かつて齋藤さんが委託したのんちゃんと父母も一緒に写ってくれた。のんちゃんパパ・ママは、産後子育てが立ち行かなくなったとき、児童相談所に、齋藤さんにお願いしたいんだと強く求めて、のんちゃんは乳児院ではなく斎藤さんに委託（措置）されることになった。今も齋藤さん家族と家族ぐるみの付き合いが続いている。ママ友のような付き合いかと思ったら、「おばあちゃんの心境」と語ったが、齋藤さんは里親界ではひよっこ扱いされるほどの若手だ。[2]竜《りょう》さんは買い物するたびに「これ、のんちゃんに似合うんじゃないかな」と手に取る。写真に写っているのんちゃんのリュックは、竜さんからのプレゼントだ。齋藤さんの家に遊びに来ると、二人の実子の中学生、小学生や委託児の小学生も、同居している竜さんの母親も、皆一緒にご飯を食べる。一番小さなのんちゃんは、当たり前のようにおにぎりを一番に食べ、お姉さん達にかわいがってもらう。

子ども本人の尊重

齋藤さんの家の委託児、こっちゃんは、乳児院から齋藤さんの家に来た。小さなこっちゃんにも、直巨さんは「うちの仲間になってくれたら嬉しいんだけど、なりたくなったら言ってね?」と意思を尋ねたそうだ。

子どもがどの名字を名乗るかも、里親家庭によって、子どもによって、異なってくる。親と子の名字が違うと、ことあるごとに尋ねられて事情の説明が必要になるし、「告知（テリング）」や事情の説明を時期や子どもの状況を見て慎重におこないたいと考えている場合もある。現在は、（里親の性の）「通称名」で健康保険証を発行したり、学校に通学することができるようになっている。

齋藤姓を名乗ってもいいのだがという提案に対し、こっちゃんは「お気持ちは嬉しいのですが、自分の名前を名乗る」と答え、直巨さんのことは、「なおさん」と呼ぶ。これについても、直巨さんは、こっちゃんの気持ちや考えを尋ねて大切にしている。家族の一員になったばかりの時に、「なおさんが一番好き」と言ったこっちゃんに、「そんなことはないでしょう」とクールに答えたところ、それは図星で、産んだ人がお母さん、乳児院でこっちゃんを育てた人が心のママ、直巨さんはなおさんなのだと言う。

直巨さんの子育てを見ていて面白いのは、子どもを育て、子どもは育てられるという固定的な関係ではないということだ。自信をなくした直巨さんをこっちゃんがハグして、「大丈夫、なおさんならできる、なおさんならできる」と励まし諭す。親も子ども(実子であれ里子であれ)にエネルギーをもらい、育ててもらっている。

措置権者による管理

フォスターへの参加にあたって、こっちゃんは児童相談所に後ろ姿も手だけでも写ってはいけないと判断された。こっちゃんは、連れ去りなどのリスクがあるとは考えにく

表1　親権行使について

親権(代行含む) (民法条文)	実親	施設長 (親権者なし)	施設長 (親権者あり)	里親 (法改正前)	里親 (法改正後)
①監護権(820条)	○	○	○	×	○
②教育権 (820条)	○	○	○	×	○
③居所指定権(821条)	○	○	×	×	×
④懲戒権(822条)	○	○	○	×	○
⑤就業許可権(823条)	○	○	×	×	×
⑥財産管理権(824条)	○	○	×	×	×
⑦代表権(824条)	○	○	×	×	×
養子縁組の承諾	○	知事の許可	×	×	×

※法定代理人が申請しなければ登録・交付ができない住民基本台帳、関係書類、法定代理人の同意が必要な銀行の預貯金通帳・里親姓での通帳作成不可、法定代理人の同意が必要な携帯電話等契約・契約の取り消し、措置解除後未成年者の労働契約締結に法定代理人の同意が必要。居住許可権がない。本表は http://www.foster-family.jp/

いが、自治体内統一のルールとのことだった。表1に示したように、里親は親権や親権代行の主体ではなく、親がいるときは親が親権者で、児童相談所長は親権を代行する権限がある。写真展に出るという肖像権行使の同意が、里親に認められている監護権に属すかどうかは判断が分かれるところだろうが、法的にどうかに関わらず、措置権者である児童相談所が許可しなかったことをおこなうことは非常に難しい。（一般的に、措置変更の可能性が常にある）。

私たちは「応援ミーティング」を開いて、こっちゃんの思いや考えを聞いてきた。齋藤さんの実子は写真展に出てもよいのだが、こっちゃんがダメならみんなダメ、という意見で、今紹介している写真は、直巨さんと竜さん二人だけの写真だ。写真のかわりに、こっちゃんが今の気持ちを手紙に書いて展示をしたいと言って、姉たちが飾りつけをした。それが巻頭の写真4である。私たちは展示の有無にかかわらず撮影を続けているが、いつか家族全員で出たい、それまではお姉ちゃんたちの写真もお預け、とのことだ。いつかみんなで出られるように。

■注

1　ファミリー・サポート・センター事業は、「子ども・子育て支援法」（二〇一二年法律第六五号）に定められた「子育て援助活動支援事業」である。内閣府令で定めるところにより、市町村は子育て援助活動支援事業をおこなうことになっている。自治体がセンターを作り、預かる会員と預ける会員の連絡、調整をおこなう。会員になるための研修をしたり、保険に加入したりもしている。二〇一五年度から「子ども・子育て支援新制度」で「地域子ども・子育て支援事業」の一つに位置づけられ、「子ども・子育て支援交付金」で実施されている（国1／3、都道府県1／3、市区町村1／3）。二〇一六年度には、全国八三三市区町村が実施している。利用料金は最低賃金より低い七〇〇円台が多く（平成二八年度全国ファミリー・サポートセンター活動実態調査結果、女性労働協会）、有償ボランティアであって労働契約や業務委託ではない。

2　里親の上限年齢については法律で定められていない。里親認定時におおむね65歳未満という基準を持っている自治体もあるが、撤廃の方向にある。児童養護施設入所児童等調査結果（平成二五年二月一日現在、厚生労働省雇用均等・児童家庭局、平成二七年一月）では、子どもが委託されている里親の年齢を見ると、里父は六〇歳以上の割合が最も高く三一・四％、次に割合が高いのは五〇～五九歳で三〇・七％だった。里母で最も割合が高いのは五〇～五九歳で三二・一％、次に高いのは四〇～四九歳で二九・〇％だが、六〇歳以上も二七・八％と割合が高い。

3 稲垣薫さん・りつ子さん（里親＆ファミリーホーム）——家庭が社会

稲垣ファミリーは、稲垣薫《かおる》さん、りつ子さん夫婦が運営するファミリーホームだ。私たちが撮影に行った時の世帯構成は、夫婦に委託児が幼児から中学生の男女六人。通いの補助者が四人で、その他、ボランティアや出入りする人は大勢。

稲垣さんは被虐待児や障害児を養育する専門知識をもつ専門里親の県第一号の認定で、ファミリーホームの認定も県一号。著名なファミリーホーム運営者だが、子どもたちに渡したカメラには、「変顔」をする姿が写る。子どもたちにだけ見せる親の顔は、こういう顔だ。

家庭が社会

稲垣ファミリーホームを訪問して気づくのは、家庭が社会に「開かれている」ということだ。家庭が社会だと言ってもよいだろうか。例えば、ファミリーホームは子どもが六人いるとはなんて多いのだろうと思いながら初めて訪問したさい、実際には大人がその三倍くらいいた。稲垣さんの高校の同級生が子どもたちに琴や歌を聞かせに、そこに子どもたちに英語をボランティアで教える外国の人や、カンボジアから毎年ホームステイに来ている子ども支援団体代表とその団体の支援で日本を訪問した子どもたち。総勢20〜30名が茶の間で輪になって演奏を聞いたりおしゃべりしたりした。

サイトにはホームの方針が公開されているが、そこには「管理者や養育者が逸脱した時はいつでも忠告してほしい」「補助職員の言葉には謙虚に耳を傾ける」「補助職員も私たち夫婦に遠慮なく苦言を言ってくれる」とあり、事業方針は職員会議で決め、管理者の独断で采配を振るわない、と表明されている。補助者やボランティアが子どものために訪問し、見学者などを迎え入れるのは、養育者が自らの養育をチェックされる環境を作るためであるそうだ。

障害がある子の家庭養護

稲垣ホームを理解するには、補助者の説明をするとよいだろう。ファミリーホームは、養育者一人以上、補助者を加えて三人以上が要件だ。稲垣ファミリーホームの場合、養育者は稲垣夫婦二人なので補助者は一人いればよいが、先述のように、稲垣さんの家には現在、補助者が四人いる。一人は塾講師。困難を抱える子どもに出会い、多くの支援をしてきた人だ。稲垣さんの家では、それぞれの子どもの個性に合わせて、主に学習面の支援をしている。

次の一人は、元乳児院の職員だ。今稲垣さんの家にいる子どもの一人にはダウン症がある。稲垣さんは彼が小さなころから、天使のようという由来で、ブログ等でテンちゃんと呼んできた。

テンちゃんは乳児院にいたのだが、その施設職員が、この子は施設で育つより家庭がいいと稲垣さんに直談判して、生みの親も稲垣さんに依頼し、児童相談所が稲垣ファミリーホームに措置変更した。施設職員は退職後にテンちゃんの朝夕の生活介助に通う補助職員になったのである。

このエピソードには二つの特筆すべき点がある。一つは障害がある社会的養護を必要とする子が施設ではなく家庭に委託されることは珍しいということ。もう一つは施設が自らの施設で育つより里親のほうがよいと奔走することもまたおそらく珍しいだろうということである。

これまで日本では、ダウン症などの染色体異常をもつ子どもが社会的養護になった場合、里親等の家庭養育ではなく、施設養護が中心だった（グループホーム学会 2010）。これに対し、二〇〇二年に被虐待児を養育する里親として制度化していた専門里親の養育対象に障害をもつ子どもも含まれたのは二〇〇九年で、二〇一一年の「里親委託ガイドライン」では「すべての子どもの代替的養護は、家庭的養護が望ましく、里親委託を優先して検討することを原則」とし、「障害等があり、特別な支援を必要とする子ども」もその対象であると明記された。しかし里親家庭に措置される子どもはまだ多くないのが現状だ[1]。

グループホーム学会の調査では、里親の三〇％に障害がある子どもを養育した経験があり（知的障害、四肢不自由、発達障害など様々な障害を含む）（日本グループホーム学会 2010）、筆者が実施した調査でも三一・八％に障害児の委託経験があり（白井 2013）、一般家庭よりはずっと障害児が家庭にいる割合は高いと言えるだろうが、児童養護施設入所児童の「心身障害あり」の割合は、里親委託児の「心身障害あり」の割合よりも高い（二〇一三年調査で「知的障害」がある子どもは、児童養護施設措置児の一二・三％、里親措置児の七・九％：児童養護施設入所児童等調査結果　二〇一三年二月一日現在）。

さらに、社会的養護だけでなく、障害児福祉の領域において、心身に障害がある子どもの療育施設（障害のある子どもに対してできるだけ自立できるよう治療・教育・訓練をおこなう施設）のうち、入所型の障害児入所施設（福祉型と医療型がある）にも、社会的養護の要素があると指摘されている。[2]

このように、社会的養護の子どもの一定割合に障害があり、[3]里親より施設に委託されがちである現状において、稲垣さんの事例は、珍しいケースだということがわかる。その一役を担ったのが、二つ目の要素の、施設自らが、家庭養育を勧めたことだ。措置変更になったら自施設の現員が減ってしまうし、施設には専門家としての自負もあるだろう。それでも家庭養育を提案したことも特筆すべきであろう。

複層的な関係

テンちゃんの誕生日には、生みの親も来て誕生日会を開くという。他でもない稲垣さんの家で育ってほしいと個人的信頼関係を結び、顔の見える関係をもち、子どもとも養育者とも交流をすることは、それほどあることではない。稲垣さんの家では、生みの親と子どもがそれぞれに良い形でつながっているのも特徴だ。別の子の親は、正月などには稲垣さんと飲む酒が一番おいしいと言って一升瓶をもって稲垣さんの家に来るそうだ。稲垣さんも子どもも、訪れる多くの大人と信頼関係を結ぶように、生みの親ともつながっている。

補助者の説明に戻ろう。三人目の職員は、稲垣さん自慢の娘、友美さんだ。友美さん自身、生みの親の家庭から児童養護施設に移ったあと、稲垣さんの家で暮らした、いわゆる元委託児（元里子）だ。成人して自らの意思で稲垣さんと普通養子縁組した。そして現在は稲垣ファミリーホームのスタッフ（補助職員）でもある。離家していて稲垣家に通勤している。元委託児で、縁組した子どもで、ファミリーホームの職員という、複層的な関係性だ。稲垣さんの家の他の子どもたちから見れば、友美さんは、きょうだいであり、生みの家を別にもつという同じ経験を共有しうる存在であり、スタッフでもある。

こうした物語と背景を想像しながら、写真を見てほしい。

■注

1 調査時点で対象となる社会的養護の子どもは四万七七七六人、うち「知的障害」があると回答された子どもは五六四三人（重複回答）、うち里親委託児は三五九人である（厚生労働省児童養護施設入所児童等調査結果 二〇一三年二月一日現在）。里親委託ガイドラインに、障害の有無がわかってから里親委託するのではなく、必要があれば新生児から里親委託をと述べられているように、これまでは障害がある子どもは里親には養育が難しいとされ、委託が避けられる傾向にあった。

2 例えば「障害児支援の在り方に関する検討会報告書」（厚生労働省、二〇一四年七月）など。グループホーム学会によれば、知的障害児施設に入所している児童の大部分は社会的養護を必要としている児童で（入所理由を見ると、養育能力二八・一％、離婚等一二・四%、虐待・養育放棄が一一・三%)、障害児施設は児童養護施設に近づいているという(日本グループホーム学会 2010: 6)。

3 障害が社会的養護の事由なのか、社会的養護の事由の結果として障害があるのかは調査されていない。

■参考引用文献
日本グループホーム学会 2010『障害児の里親促進のための基盤整備事業報告書』
白井千晶 2013『社会的養護における家庭養護に関するアンケート:里親・ファミリーホーム』東洋大学社会学部

子どもたちに預けたカメラ
変顔、どアップ。子どもにはこういう顔を見せている。この距離感は親子ならでは。
でもまろちゃんが撮る写真は、真面目で律儀なまろちゃんが切り取った世界(上から2つめ)。同じ生活を送っていても、こんなに違う子どもたち。

4　宇津孝子さん（里親＆ファミリーホーム）──数えられない家族

宇津孝子《うづたかこ》さんが運営しているファミリーホーム、「うずまきファミリー」は、長野県の自然豊かな山あいにある古民家だ。有機農法による自給自足がモデルである。うずまきファミリーとして開所したのは二〇一三年。まずはファミリーホーム開設までの物語を聞いてほしい。

フリーキッズ・ヴィレッジと里親認定

宇津さん自身は都会生まれの都会育ち。長野に移り住んで大地の恵みをいただき、薪ストーブに薪風呂を入れる宇津さんだが、彼女の原点は海である。今でも夏は子どもたちと御蔵島で過ごす。

宇津さんは大学を卒業して会社勤めをしていた。大人の自然塾、ビー・ネイチャー・スクールの前進である有限会社ピースフルファミリーを一九八六年に設立。イルカやクジラの世界に出会い、オーストラリアで一九九〇年に開催された第二回国際イルカ・クジラ会議に参加した。そこで触れたのがアボリジニの世界だ。長老を中心に七代先まで見すえて考える。誰の子でも共同体の子として育てる。それが今の宇津さんの「暮らし」を基盤としたコミュニティづくりと子育てにつながっている。会議参加の翌年には国際イルカ・クジラ教育リサーチセンター(アイサーチ・ジャパン)を設立。一九九二年ハワイでの第三回国際イルカ・クジラ会議に参加後、一九九四年に第四回国際イルカ・クジラ会議を江ノ島・小笠原で開催する。同年、ビー・ネイチャー・スクールも始まった。自然写真家の宇津孝《たかし》さんと婚姻届を提出。島外の人が泊まる場所もなかった御蔵島で、一九九四年からイルカの個体識別調査を始めたのは宇津夫妻。要するに、孝子さんは、環境系活動ですごい人、だったのである。

孝子さんは一九九八年に長男を自宅出産し、それを機に長野県駒ヶ根に移り、自給自足を目指した生活を始める。二〇〇二年、現在の高遠で蚕民家を購入した。しかし移住して程なく、夫を亡くし、母一人・子一人になった。息子の「大家族がいい」という言葉に後押しされて、不登校など人間関係が苦しい子の山村留学をホームステイで受け入れるようになったのが、フリーキッズ・ヴィレッジの始まりである。二〇〇四年にフリースクール・寄宿自然生活塾を開校、二〇〇五年には都会からのキャンプの受け入れを始める。

寄宿生活をしていた子どもたちは、地元の中高校に通学する子もいたが、通えない子は通信制高校に入学した。フリーキッズ・ヴィレッジは二〇〇七年に通信制高校の伊那学習支援センターとして業務提携もしている。

子どものニーズと多機関連携

宇津さんの活動は預かる子どものニーズに従って広がっていった。不登校などの背景がある子どもは、本人が通学できる状況になっても、帰れるような家庭がなかったりする。そのため宇津さんは里親認定を得た。高校を卒業しても働けなかったら自立できない。そのため、農作業指導、加工食品の開発・販売、カフェの企画、染色工房などで就労支援をした。米や農産品を販売したり、草木染め・本藍染め製品・自然農産の加工食品を「ひまなし屋」という名前で販売して収入を得る場を開拓した。大工、森の仕事、掃除などを「便利屋」として請け負ったら地域の人びとに喜ばれた。弁当を作って宅配したこともある。子どもたちは新聞配達の手伝いをし、フリーキッズは旅館業の営業許可を得て、農家民宿もしている。都会から自然キャンプの子どもたちがやってくるばかりでなく、海外からボランティアを受け入れたり、タイの孤児院（児童福祉施設）の製品をフェアトレードで販売したりと、世界に開かれている。

宇津さんの家で暮らす子どもたちは、本当に多様だ。行くたびに変化していて、違うリズム、違う空気がある。

ある時、筆者が東京の大学でのゲスト講師を依頼したら、小さな子をおんぶして講義してくれた。しかも、「女の子を少年院に見送ってきた」という。女の子の人生を立て直すため、少年院への入所の判断が出るのに役立つよう、家庭裁判所に協力して、虞犯行為を積み上げた。宇津さんが身元引受人になり、面会に通って彼女と話をし、退院後も宇津さんが再度、受託した。

その前には、補導委託を受けていた男の子たちが、道路交通法違反で警察のお世話になった話も聞いた。

地元で木こりになった男の子もいた。虐待で心の不調がありカウンセリングに通う女の子もいた。裁判所の保護観察や補導委託の子どももいた。寄宿生活で預かる子も、里親として預かる子も、みなそれぞれで、宇津さんは地元の小中学校や全日制高校、通信制高校、教育委員会、保健所、病院の精神科、心理カウンセリング、警察、児童相談所などの様々な機関と関わってきた。

ファミリーホーム「うずまきファミリー」の開設

里親が預かることができるのは四人までだ(かつ、実子を入れて六人まで)。もっと多くの子を受け入れられるよう、ファミリーホームに移行した。長野県で初めてのファミリーホームだ。ただし、フリーキッズ・ヴィレッジで預かる子や職員、ファミリーホームの子や職員の経理が混じらないよう、台所は別、スタッフも別と指導された。もとより、食費も水道光熱費も実費が支給されるわけではない。里親もファミリーホームも子どもが何人委託されているかの現員払いで、足が出たところで補填されるわけでもないのだが。

いま現在は、フリーキッズ・ヴィレッジの運営はそちらのスタッフにシフトしていて、フリーキッズの子どもはうずまきホームで生活していない。しかし当然、スタッフもうずまきファミリーと混じり合っている。

そんな宇津さんの活動に賛同して、はるか遠くから何組かの里親家族が転居してきて、文字通りヴィレッジ（里親村）になりそうだ。大高さん夫婦（規男さん、洋子さん）が住む家は、宇津さんが集落の中で信用を得て、確保することができた。他のスタッフが住む家も同様だ。規男さんはファミリーホームの補助職員も勤めている。

実親との交流

委託されている子どもの実親も関わっている。子どもを連れて行くこともあれば、実親が来ることもある。若い母親が子どもに会いに来るのだが、母親もまた抱えているものがあって、親子両方「ケア」することもあった。「彼氏ができた。結婚して子どもを引き取ろうと思う」「今度連れておいで。会ってみたいな」ということもある。宇津さんとしてはヘルシーな交際か、子どもが戻れそうか、それとなく確認することもできる。親支援が子どもの家庭復帰をスムーズにしたり、子ども支援になったりすることがわかる。

今回写真に写ってくれたのは、ぼんちゃんとなーちゃん。ぼんちゃんは、うずまきのアイドル、はるくんのママで、妊娠中から宇津さんという里親さんがいることを助産師さんに聞いていた。宇津さんははるくんを預かって以降、彼女のこれまでの人生、彼女の親との関わりまですべて聞いてきた。最終的に、いつかぼんちゃんがはる君と暮らすビジョンが可能になったのは、宇津さんが預かることになったことが大きい。いまぼんちゃんは妊娠中で、出産して落ち着いたらはるくんも一緒に暮らしたいと思っている。はる君は時々宇津さんに連れられてぼんちゃんの家に来る。宇津さんは、ぼんちゃんの話を聞いて、パパの話も聞いて、はる君の様子もみている。

もう一人のなーちゃんは、のーちゃん、ゆーちゃん姉妹のママだ。二人は宇津さんをあーちゃん、なーちゃんをママと呼んでいる。宇津さんは、乳幼児だった姉妹を迎えたときから、がっちり幼児中心の生活に変更した(同時に、小中学生の委託児の実母に会いに児童相談所に行き、その様子を子どもに伝えてもいる。しっかり小中校生の母ちゃんでもある)。

宇津さんはのーちゃん、ゆーちゃん、ママのなーちゃんの繊細な心の調整役もしている。しかし、いわゆる「交流」は簡単なことではない。子どもは、実親の言動に揺れたり、なぜ会えるのに一緒に暮らせないのかと思ったりするかもしれない。実親は、子どもを育てられない現実を目の当たりにしたり、里親と親子になっているのを感じて不安定になったりするかもしれない。

児童養護施設入所児童等調査結果(平成二五年二月一日現在、厚生労働省雇用均等・児童家庭局、平成二七年一月)では、里親に委託されている子どもの七二・四%は、帰省、面会、電話、面会を含め、家族との交流がない。面会や帰省があるのは全体の二一・八%だけだ。交流がないのは、実親側の理由(虐待、精神的・情緒的に不安定等)だけとは限らない。児童相談所が実親とコミュニケーションが取れていなかったり、多忙で交流の手順やフォローをすることができないといった、児童相談所の理由もある。子どもの援助計画がいわゆる家庭復帰であってもなくても、子どもにとって実親の情報、関わりをどうしていくかということは、非常に重要な課題だ。今は一緒に暮らせないけれども、実親は親であること、暮らせない事情があって、それは子どものせいではないこと、ここにいていいこと、里親が受け止めるから安心していいこと、などをきちんと子どもに説明する必要がある。

離婚後の別居親との面会交流については、交流に関する取り決め、仲介サービス、仲介時の心理的ケアなど、様々な仕組みが整いつつある。その仕組みを参考にしたり、活用したりして、社会的養護の子どもについても、この課題が取り上げられるべきだろう。

家族とは何か

のーちゃんが当たり前のようにてっちゃんの雑煮からシメジを奪っている写真（巻頭写真27）は、うずまきファミリーを象徴しているように思う。宇津さんにそれぞれの人との関係性を尋ねていて、てっちゃんについて尋ねたところ、「てっちゃんは、てっちゃんなんだよね」と返ってきた。すなわち、てっちゃんは、親族ではない。うずまきファミリーのスタッフでも、フリーキッズ・ヴィレッジのスタッフでもない。宇津さんに東京に来てもらってフォスターのトークゲストをしてもらった晩も、てっちゃんが小中学生に夕飯を出したが、てっちゃんに給与や謝礼を支払っているわけでもない。血のつながりや法律的親子関係がなくて子どもを育てている「フォスター」は、委託関係や養子縁組など法制度上の公的な関係があるが、てっちゃんは、そうした関係もない。都会で会社員をしていて、退職して今は年金暮らしで、宇津さんの家の農業をしている、うずまきファミリーで暮らす、てっちゃんだ。

宇津さんの家には、短期だったり長期だったり、いろいろな人が暮らす。ファミリーホームのスタッフが寝泊まりすることもある。あるフリーキッズ・ヴィレッジのスタッフは夫婦と子どもの一家で一部屋間借りしていたが、近所に家を貸してくれる人が見つかって、越していった。ほとんど毎月、近畿地方から宇津さんの従姉妹が来て、うずまきファミリーのスタッフとしてしばらく寝泊まりしている。その母である宇津さんの伯母も来て子どもたちの世話をする。筆者を宇津さんに引き合わせた、きくちさかえさん（写真家、マタニティヨーガ講師、社会学研究者、現在は偶然ながら一山越えた八ヶ岳に移住して農業もしている）も、宇津さんの家に（元）委託児の出産準備クラス講師として来たり、のーちゃんゆーちゃん姉妹の世話に来ていた。

うずまきファミリーで、あるいはその近所で写真を撮ると、誰かが誰かの子を抱っこしていて、それは自分の家の里子だったり、近所に越してきた里親の委託児だったり（養子縁組が成立して養子になった）、フリーキッズ・ヴィレッジが預かっている馬を世話している家の子だったり。おにぎりの写真は、誰がどの家の子か定めようとする方が意味がないのではないかと思えてくる。写真を撮る江連の夫も子も当たり前に入っていたりする。

親族関係という観点から言えば、戸籍は宇津さんと実子の二人だけだ。住民票での同一世帯は、宇津さん、実子、委託児（同居人と記載される）だ。共に暮らす人は、同じ住所・建物で、別の世帯として住民登録している。「シェアハウスみたいでしょ」と宇津さんは笑った。さらに実際の暮らしでは、ここの人びとのなんと多いことか。

そして先日、宇津さんの家で思春期を過ごした葉月さんの結婚式が開催された。写真に写るのは、委託児やてっちゃん、うずまきファミリーのスタッフ、フリーキッズ・ヴィレッジのスタッフ家族、近所の里親の大高さん家族だけではない。また、ここまで紹介した人びとで写れなかった人も大勢いる。結婚式では、大人も子どもも皆で飾り付け、花を束ね、食事を作った。たくさんのご馳走と、いつものたくさんのおにぎりだ。

宇津さんは、葉月さんを中途養育で迎え、うずまきファミリーから母親として送り出すことになった。それも感慨深いが「今いる子どもたちに、こうして幸せになっていくことを見せられてよかった」と語る。宇津さんに「葉月ちゃんが結婚して感無量ですね」と問いかけたら、宇津さんは「ここから葉月が子どもを育てるのに寄り添うのが本番でもあるのよ」と半分冷静だった。葉月さんは妊娠中だ。宇津さんが言うように、社会的養護の元子どもは、子育てをする段になって対峙することがある。例えば、現実に子育てを支援する資源が少ないということもあるし、自分が子どもの時の愛されたかった感情が突如現れてくることもある。子どもに共感することが難しかったり、愛着を持つことが恐怖だったりもする。「虐待の連鎖」と単純に表現されることが多いが、実際には、殴られたから殴る、ネグレクトされたからネグレクトするという単純なものではない。

宇津さんの子育ては、まだまだ終わらないのである。

5　シンシア・ルーブルさん（養親）――ダウン症のある子の養子縁組

シンシア・ルーブル（Cynthia Ruble）さんは二〇〇〇年に宣教師として来日した。彼女が代表を務めるライフ・ホープ・ネットワークというボランティアグループでは、妊娠・中絶のカウンセリングと妊婦や産後の母子のホームステイの受け入れをおこなっている。二〇一〇年には三歳だった男の子を養子として迎えた。男の子にはダウン症がある。本章では彼女の活動について紹介し、障害がわかっている子どもの養子縁組について考えたい。

ライフ・ホープ・ネットワーク

ライフ・ホープ・ネットワークは、名古屋市で危機的妊娠の相談や中絶後の心の痛みのカウンセリングを受けているボランティアグループだ。二〇〇五年に開始した。アメリカのＮＰＯ団体、ＬＩＦＥインターナショナルのカウンセラー・トレーニングを受けたスタッフが電話相談やメール相談、対面でのカウンセリングにあたっている。危機的妊娠の女性のホームステイも受けている。自身で育てるか養子に託すかを問わず、困っている妊婦さんはシンシアさんの自宅で一緒に暮らすことができる。滞在費は一か月一万円だ。ホームステイだけでなく、行政や病院受診に付き添ってくれたり、悩みを聞いてくれたり、一緒に料理をしたり、まさに「伴走」してくれる。ライフ・ホープ・ネットワークは、カフェの運営も始め、ホームステイしている女性はここで働くこともできる。筆者が訪れたときは、ホームステイして出産し、自分で育てようとカフェで働き続け、お金を貯めて近所に住まいを借りることが決まった女性がおいしいランチを作ってくれた。引っ越してからもしばらくはカフェで働くそうだ。

ここに来る女性は、妊娠ＳＯＳから紹介されたり、養子縁組団体から滞在先として紹介されたり、自身で探したりしてたどり着いた女性たちだ。シンシアさんに、行政のＤＶ被害者の一時保護委託を受託したり自立援助ホームとして運営するなど、助成や補助を受けられる仕組みを提案したことがある。彼女の答えはＮＯだった。民間人の家へのホームステイなら、自由に引き受けることができる。ＤＶ被害者も、そうでなくても、妊娠中でまだ子どもがいなくても、産後で子どもがいても、名古屋市に住民票があっても、なくても、収入があっても、なくても、自身で育てる人も、養子に託す人も。公的資金が入ると自由が制約されることは、いま行政の窓口から行政の施設ではなくライフ・ホープ・ネットワークに紹介があることが如実に示している。

養子に託すかどうか悩む女性たちの支援をしていて、シンシアさんが感じるのは、「日本には、妊娠した女性や、養子に託す女性への処罰感情があるのではないか」ということだ。妊娠は自己責任だから、妊娠した罰を引き受けるべきである、性行為の結果は自身で背負うべきである、養子に託すなら責任放棄を社会的に批判されて当然だという社会の圧力を感じるそうだ。

「キリスト教では違う考え方をするのよ」とシンシアさんは教えてくれた。「私たちはみんなもともと、神様の養子なの」。聖書に The God adopted us（神は我々を養子にした）と書いてあると。調べてみると聖書にはいくつかの記述があった。その一つは次の通りだ。

God decided in advance to *adopt us into his own family* by bringing us to himself through Jesus Christ. This is what he wanted to do, and it gave him great pleasure.（Ephesians 1:5 イタリックは引用者による）

直訳すると、「神はイエス・キリストを使いにして、私たちを神の家族の養子にすることをあらかじめ決めていた」であるが、日本で養子に対する偏見があったから、聖書の翻訳で養子縁組という言葉が使われなかったのかしらとシンシアさんは言った。確かに、どの翻訳を見ても、「神の子たる身分を授ける」（『口語　新約聖書』日本聖書協会、一九五四年）、「神の子にする」（聖書　新共同訳）、「神様の家族の一員として迎える」（リビング訳）という訳で、養子とは書かれていない。キリスト教で adopt という概念が用いられるのが、性交による受胎ではなく、霊的な方法で神が子どもを生み出すからなのかは専門家の議論を待ちたいが、少なくとも「私たちはもともと皆、神様の養子だ」という考え方は、「血のつながった子と、そうではない他人の子の養子」という私的所有関係の枠組みではないといえるだろう。[1]

ダウン症のある三歳の男の子を養子として迎える

先述のようにシンシアさんは二〇一〇年にダウン症のある三歳の男の子、マイカ君を養子として迎えた。シンシアさんは永住権をもっている。彼女は独身だったが、日本の家庭裁判所で特別養子縁組が認容されたのは、当時、養親の本国法に準拠して裁判がおこなわれたからである。

シンシアさんに聞いてみると、養子を迎えたい、ダウン症の子に家庭を与えたいと最初から計画していたわけではなかったそうだ。協力関係にあった養子縁組団体が障害のある子の養子縁組相談をできるだけ断らない方針で、その当時、ダウン症の子どもを三人預かっていたのを見るに見かねたそうだ。それで私が一人育てましょうか、と提案したという。

シングルでダウン症の子を養子に迎えるのは、簡単なことではなかった。マイカ君は生みの親がどうしても育てられなくて養子縁組団体が引き受けるときに一度、大きな別れを経験していたから、もう一度大きな別れになれないように、彼のペースに合わせてゆっくりと、シンシアさんと関係を作っていった。幸い彼はとてもフレンドリーで、誰にでも優しい。しかしシンシアさんは子育てをしたことがなかったから、日本の子育ての社会的資源も、人的資源もほとんどなかった。障害に関する資源も同様だ。彼にはダウン症の特徴の一つでもあるこだわりが強くて、食事の偏食があったり、体調のリズムがとれなかったり、病気になったりした。シンシアさんは大学の非常勤講師をやめて、マイカ君中心の生活になった。

シンシアさんの人柄と努力の賜物だろう、今では多くの資源に恵まれている。幼稚園が障害児を受け入れてくれた。小学校の特別支援級ではいい担任に恵まれた。「半分お母さん」だという。トワイライトステイや障害児の放課後デイケアも利用している。ホームステイ女性の陣痛が夜中に始まってもマイカ君をお願いできる助っ人が、近所に何人かできた。カフェにマイカ君といると、彼のことが大好きな近所の人が迎えに来て、遊びに連れて行ってくれる。教会では皆、マイカ君のギター演奏に拍手喝采だ。

違いを称える

シンシアさんはアメリカ人で、マイカ君のルーツはいわゆる日本人だ。マイカ君に「お母さんに似てるね」という人は、多くないかもしれない。(二人のペースは似ているし、マイカ君は英語も堪能で、ハグしたりキスしたりアメリカ流のふるまいをするから、「お母さんに似ている」という人もいるかもしれないが。)

日本ではしばしば、「養子も里子も親に似てくる」という言葉を聞く(Goldfarb 2016)。愛-結婚-性が三位一体である近代家族規範では、似ていることは血縁があることの証で、血縁があることとは夫婦に性があること、つまり愛があることの証になる。血がつながった子どもは「夫婦の愛の結晶」、すなわち愛は血になるのだ。

そのような社会において、「養子も親に似てくる」と語るのは、似ていることを是とする、すなわち血縁を是とする枠組を採用することになる。それは養子が生きづらい社会を再生産し、強化することになるのではないか。

アメリカの養子縁組分野のベストセラー、『養子が養親に知ってほしい20のこと』には、「私（養子）があなた（養親）に似ているとか、同じように振る舞うと言わないでください。あなたに私たちの違いを認識し、称えてほしいです」と述べられている（Sherrie 1999）。違いを称えよ、という考え方は、先の「私たちは（親の分身ではなく）神の養子だ」という捉え方と共通していると考えられる。

ダウン症のある子の養子縁組

ダウン症の子を養子に迎えることに話を戻そう。筆者は民間養子縁組機関に子どもの疾病や障害を理由にした養子縁組相談に関する調査を実施し、ダウン症の子を養子に託そうか悩む人や、養子に迎える人にインタビューをおこなってきた（白井 2018a,2018b,2019）。

調査に協力してくれた民間の二機関では、二〇一六年一～一二月の一年間に、子どもの疾病・障がいを事由とする養子縁組相談は五五ケースあり、そのうちダウン症の子の相談は四七ケースだった（白井 2017）。そのほかは、調査期間内では、13トリソミー、18トリソミーなどダウン症以外の染色体異常、超低体重、発達障害などだった。[2] 五五ケース全体の五三・二％は相談のみで帰結していて、調査時点で養子縁組委託は二三・四％である（一一ケース、全員ダウン症）。妊娠中から相談があったのは一〇・六％だった。

回答した民間養子縁組機関に話を伺ったところ、相談者の背景や養子に託したいと考える事由は多種多様だが、主な事由としては、（1）強い鬱状態、（2）収入の低下や長期的な扶養を予測した経済的問題や経済的不安、（3）親や上の子に障がいや疾病がある、（4）障がいが受容できない、（5）将来の不安、があげられる（白井 2018a）。実際には複合的であり、また、本調査の対象機関や調査期間が限られているために、すべての事由は把握できていないと考えられる。

「日本では養子に出す人を罰しようとしている」「女性自身も自分を許そうとしない」とシンシアさんは言った。実際、筆者が会ってきた、ダウン症の子を妊娠・出産して養子に託すか悩む人、託した人もそうだった。「クリスチャンになったらダウン症が受け入れられるならクリスチャンになりたい」と言う女性、「将来、上の子にどう話したらいいんでしょうか」と養子に託したことを上の子どもに責められるのではないかと考える女性がいた。

女性たち自身、養子に託すこと、ダウン症を事由に養子に託すことに対するサンクション[3]を内面化して、自責の念を持っている。社会的な規範だけでなく、現実問題としても、「養子縁組するに足る要件」をどのようにアセスメントするか、子どもがダウン症であることを事由に育てられないとする意向をどのように判断するかは難しい問題だ。

民法の特別養子の要件は「要保護性」と「子どもの特別の利益」だ（白井 2018b）。子どもの権利条約でも子どもはまずもって生みの親に育てられる権利があると謳われている。「ダウン症であるだけでは養子に託す理由にならない」という姿勢の団体もあるが、家庭裁判所で特別養子縁組が却下されてしまったら、子どもも生みの親も養親希望者も傷つくからというのが理由だろう。

しかし、だからダウン症を事由にした養子縁組は受理してはならない、認めるべきではないと一蹴できるだろうか。「誰でも最初は驚いて受け入れられないけれど、私もかわいく思えるようになったからあなたも母性がわくはずだ」、「私も乗り越えたからあなたも乗り越えるべきだ」と言えるだろうか。

育てられない子どもたち

ダウン症を理由に育てられない子どもたちがどれほどいるか、実態はよくわからない。社会的養護についていうと、厚生労働省による「児童養護施設入所児童等調査」によれば、社会的養護下の子どものうち障がい等のある子どもの割合は二〇一三年に二八・五%で、五年ごとの調査のたびに割合が高くなっている(一九九八年一〇・三%、二〇〇三年二〇・二%、二〇〇八年二三・四%)。[4] 障がいの内訳を見ると、二〇一三年調査では知的障害は三六八六人で、ダウン症の子はこのカテゴリに含まれると推測される。グループホーム学会の調査では、里親の三〇%に障害がある子どもを養育した経験があり(知的障害、四肢不自由、発達障害など様々な障害を含む)(日本グループホーム学会 2010)、筆者が実施した調査でも三一・八%に障害児の委託経験があったが(白井 2013)、Ⅱ

ー3章でも述べたように、児童養護施設入所児童等調査結果でも、児童養護施設入所児童の「心身障害あり」の割合のほうが、里親委託児の「心身障害あり」の割合よりも高く、心身障害がある子どもは、家庭養護よりも施設養護になりがちであることがわかる。[5] 本来社会的養護の施設ではない入所型の療育施設でも、社会的養護の要素があると指摘されている（日本グループホーム学会 2010; 厚生労働省 2014）。また、置き去り・遺棄された子どもについてみると、熊本県・慈恵病院の「こうのとりのゆりかご」に預け入れられた子どもの一〇・八％に障がいがあったという（二〇〇七年五月開設から二〇一七年三月まで：熊本市要保護児童対策地域協議会 2017）。

妊娠中にダウン症がわかって、妊娠を中絶した数や割合もよくわからない。無侵襲的出生前遺伝学的検査（NIPT）が話題になり、陽性で中絶をした人、陽性で羊水検査を受検してダウン症と確定し中絶をした人が九割を超えていると報告された。しかし妊娠の継続が検査結果のいかんを問わない人は受検しないだろうし（日本のNIPTの受検率は出生数の一～二％だ）、超音波検査、精密超音波検査、母体血清マーカー検査の結果、ダウン症が疑われた数や、それを事由とした妊娠の中断の数、羊水検査や絨毛検査でダウン症が確定した数や妊娠中絶の数はわからない。着床前スクリーニングや着床前診断でダウン症がわかって移植しなかった数もわからないのである。

スペシャルニーズ・アドプション

欧米でのダウン症の養子縁組のありようは、日本と異なっている。ダウン症を含む障害児の養子縁組は、「スペシャルニーズ・アドプション(special needs adoption)」と呼ばれてきた。障害のある乳児のこともあれば、里親など社会的養護(フォスターケア)から養子縁組に移行することもある。スペシャルニーズ、すなわち「特別なニーズ」の定義は幅広く、人種やエスニシティ、年齢が高い、きょうだいがいる、今まで措置変更が多い、情緒的・身体的・行動的障害がある、など多岐にわたる(Wind et al. 2007)。[6] アメリカでは行政がおこなう養子縁組の子どもは特別なニーズを持つことが多く、二〇〇五年の養子縁組では八九%が特別なニーズを持つ子の縁組に関する手当を受け取っていた(Wind et al. 2007)。アメリカにおける組織的なスペシャルニーズ・アドプションは一九六〇年代にさかのぼる(McKenzie 1993)。

　現在、アメリカ政府はスペシャルニーズ・アドプションのページと冊子を作成していたり(図右、Child Welfare Information Gateway 2005)、ダウン症専門の民間養子縁組機関があるなど(図中央)、子どもにダウン症があることを事由に養子に託すこと、ダウン症とわかっていて養子として引き取ることが公然の

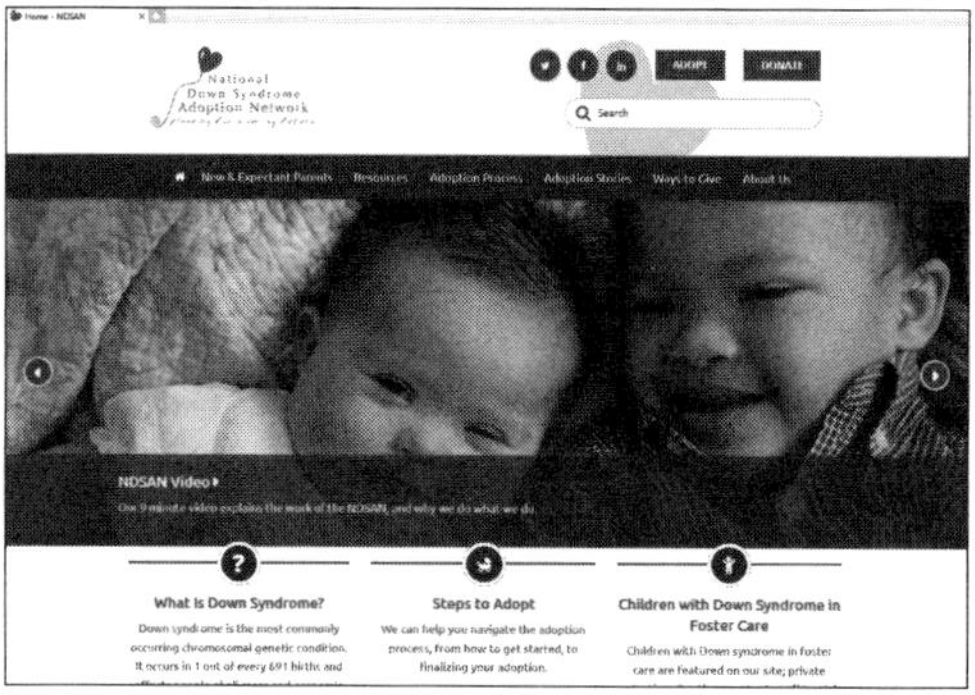

事実になっている。ダウン症の全国規模の協会 National Down Syndrome Society でも、出生前検査のページに、養子に託す選択があること（中絶の選択も併記）、養子縁組機関があることを提示している（下図）。民間養子縁組機関の多くには Special Needs Children の部門があり、ソーシャルワークの類型として認識されている。また、“Successful Adoptive Families: A Longitudinal Study of Special Needs Adoption”（Groze 1996）、“Adoption Policy and Special Needs Children”（Avery 1997）などの専門書も刊行されている。

シンシアさんとマイカ君

今シンシアさんは、マイカ君を育てて本当によかったと笑っている。「妊婦さんと

NDSS RESOURCES

- What Is Down Syndrome?
- Publications
  Download the NDSS new parent packet, A Promising Future Together: A Guide for New and Expectant Parents and Un Futuro Prometedor Juntos: Una Guía Para Futuros Padres Primerizos. You can order a complimentary copy of this publication in English or Spanish by calling 800-221-4602 or emailing info@ndss.org.

EXTERNAL RESOURCES

- Brighter Tomorrows
  www.brightertomorrows.org
  Brighter Tomorrows is a web-based resource for parents who have received a diagnosis of Down Syndrome either prenatally or at birth. The site provides answers to common questions, educates about Down Syndrome and shares the stories of other parents with similar situations.
- Down Syndrome Pregnancy
  www.downsyndromepregnancy.org
  This site provides information and support to expectant parents preparing for the birth of a baby with Down Syndrome.
- International Mosaic Down Syndrome Association
  www.imdsa.org
  Offers support and resources to families of and individuals with mosaic Down syndrome through the lifespan
- Medline Plus: Health Topics – Down Syndrome
  www.nlm.nih.gov/medlineplus/downsyndrome.html
  This is an overview and list of resources on Down syndrome and prenatal testing from Medline Plus, a service of the US National Library of Medicine and the National Institues of Health.
- National Down Syndrome Adoption Network
  www.ndsan.org
  Provides information and support to birth parents, adoptive parents and adoption agencies throughout the United States
- National Society of Genetic Counselors
  www.nsgc.org
  Find members of NSGC through the Find A Genetic Counselor search.
- Understanding a Down Syndrome Diagnosis
  www.lettercase.org
  Understanding a Down Syndrome Diagnosis is an accurate, balanced and up-to-date booklet for use when delivering a diagnosis of Down Syndrome. It is available as a free e-book from Lettercase.

DVDS

- Down Syndrome: The First 18 Months. Blueberry Shoes Productions.

BOOKS

- A Parent's Guide to Down Syndrome: Toward A Brighter Future. Pueschel, S. (2000). Baltimore, MD: Brookes Publishing.
- Babies with Down Syndrome: A New Parents' Guide (Third Edition). Skallerup, S. (Ed.) Bethesda, MD: Woodbine House. (2008)
- Diagnosis to Delivery: A pregnant mother's guide to Down Syndrome. Iannone, N., Meredith, S.

住んでいるのに、振り返ってみると、私はわがままな独身だった。マイカ君が来たら変わった。自分の思い通りにならない。でも大変なことには価値がある。自分のためにではなく、お互いのために生きている。私は全然穏やかになっていないけど(笑)、人生が広く良くなった。本当の愛情がわかった。」

マイカ君とシンシアさんの写真には、二人の優しい時間が収められている。施設に入所したままの子が見えていなかったり、養子に託す人を「信じられない」と責めたり、中絶する人を心理的に処罰したりして社会的に排除することを照射しているかのようだ。

■注

1　一七世紀のイギリスの哲学者、ジョン・ロックも同様の論理を述べており、社会契約論の世界観を支えている。「アダムとイヴ、それ以降はすべての両親が、自然法によって、自分たちが儲けた子供たちを保全し、養育し、教育する義務を課せられることになった。ただし、その場合にも、子供たちは両親の作品ではなく、両親を創造した全能の神の作品であり、両親は子供たちのことについて、この全能の神に責任を負わねばならないのである。」(ジョン・ロック『統治二論』(二)6、加藤節訳、岩波文庫 2010: 357、傍点は削除した)

2　調査に協力してくれた民間機関によれば、「子どもの疾病・障がいを事由とする」かどうか判断するのが困難なケースがあるという。例えば妊娠中に母親が薬物中毒だったケースでは、子どもに疾病・障がいが現れる可能性が他の子どもより高いだろうが、そうでなくても養育困難であろう。もともと養子縁組を相談していたケースに胎児の異常が発見されるケースもあるという。妊婦の過酷な生活環境(低栄養、高ストレス)や性感染症など妊婦の疾病による胎児の疾病の可能性もある。

3　社会規範から逸脱していると考えられる行為への懲罰的ふるまいや感情、社会的制裁。

4　調査で尋ねられる障がいの定義は拡大していないから、割合が高くなっている理由は調査の仕方によるものではないが、障がいが診断されやすくなったのか、障がいのある子の保護が増えたのか、虐待等の結果として障がいがあるのかはわからない。

5　二〇一三年調査で「知的障害」がある子どもは、児童養護施設措置児の一二・三%、里親措置児の七・九%である(厚生労働省、児童

養護施設入所児童等調査結果、平成二五年二月一日現在)。

6 国際養子にもスペシャルニーズ・アドプションがある。例えば、アフリカ、中国、ロシアなどからの疾病(例えばHIV/AIDS)や障害のある子どもなど。

■参考文献

ライフ・ホープ・ネットワーク　http://www.lifehopenet.com/

Avery, Rosemary J. 1997 *Adoption Policy and Special Needs Children*, Praeger

Sherrie Eldridge 1999 Twenty Things Adopted Kids Wish Their Adoptive Parents Knew. Delta(『養子が養親に知ってほしい20のこと』2019〈ネシー澄子監修〉)

Goldfarb, Kathryn 2016 Coming to look alike: Materializing affinity in Japanese foster and adoptive care, *Social Analysis*, 60: 47-64

Groze, Victor 1996 *Successful Adoptive Families: A Longitudinal Study of Special Needs Adoption*, Praeger

McKenzie, Judith K. 1993 Adoption of Children with Special Needs, *The Future of Children*, 3(1): 62-76

白井千晶 2017「追加調査:子どもの染色体異常、特に21トリソミー(ダウン症候群)を事由とした養育困難・養子縁組相談について」『日本における妊娠葛藤・養育困難相談および養子縁組支援の現状と制度設計に関する研究　報告書』: 34-39

白井千晶 2018a「ダウン症の子を養子縁組する——不可視化された「育てられない子ども」」『支援』vol.8: 31-42

白井千晶 2018b「ダウン症を事由にした養子縁組の仲介・支援・決定の実践について」『社会と倫理』33: 119-133

白井千晶 2019「出生前検査とダウン症を事由にした養子縁組——自己責任論と他者養育」『母体保護法と私たち　増補改訂版』明石書店(近刊)

Wind, Leslie H. Brooks, Devon, Barth, Richard P. 2007 Influences of Risk History and Adoption Preparation on Post-Adoption Services Use in U.S. Adoptions, *Family Relations*, 56(4): 378-389

6

清水徹さん・友里恵さん（養親）――ここちよい暮らしの先に

清水さん家族との出会いは偶然が重なったものだった。

フォスター写真展が始まってほどなく、写真家・江連が師事した平間至《ひらまいたる》さんの写真館の隣のカフェ（SUNDAY）のギャラリーで一か月間、写真展をおこなった。筆者と江連がギャラリーのオーナーや平間さんとカフェで話していたら、「今座っているその椅子をデザインした人も、養子を迎えたと言ってましたよ」と。

「清水さんがカフェで写真を見て、この女性はうちの子を抱っこしてきた人だと驚いていました」。Ⅲ－2章の生母の奥田さんが養子縁組団体の手伝いで、清水さんの家に託される赤ちゃんを連れてきていたのだ。仕事の関係先で開催されている写真展で、世話になった人が生母として写真に大きく写っていたら驚くだろう。

これはご縁と、清水さんにお会いしたい、願わくはフォスターへの参加を検討してもらえないかと思った。

養子を迎える

清水徹《とおる》さん、友里恵《ゆりえ》さん夫妻は、結婚してしばらく仕事に集中していて、友里恵さんはいつか子どもをもつイメージだったが、徹さんはそれさえ具体的にはイメージしていなかったという。よくあることだ。そろそろ本当に考えねばと思った時には、年齢が高かったからかなかなか授からず、不妊治療もしたが、気が進まなくて、養子縁組で子どもを迎えようと思ったそうだ。

清水さん夫婦はスウェーデンに一年留学していたことがあり、その時の近所に養子で子どもを迎えて、子どもがもう大人になった養親がいた。シングルで国際養子縁組で子どもを迎えたそうだ。結婚しなくても、子どもを産まなくても、親になることができる、ということが、とても身近で、そしてポジティブなことだったという。

日本で知り合いに養子縁組家族を紹介してもらい、実際に会って話を聞いて、養子縁組団体を調べたり、親に計画を話したりした。それはとんとん拍子というわけでもなかったという。徹さんは責任をもって子どもを幸せにすると覚悟を決めるまで、必要な時間があった。友里恵さんは次々に中長期の仕事の依頼があって、その調整に時間がかかった。

機が満ちて赤ちゃんを迎えたとき、二人は「神様だと思った」という。

ダウン症の子を迎える

もう一人ご縁があったらいいよねと話していた時に打診されたのが、ダウン症のある男の子だった。この時も、必要な時間があった。友里恵さんは今まで障害を持つ人たちとの親交もあり、悩まなかったという。徹さんは合併症、療育、特別支援学校、就労など、ダウン症のことを調べた。

今、ゆうちゃんとりゅうくんの子育ては、ダウン症を中心に回っているようには見えない。りゅうくんが体調が万全ではなかったり、療育に通ったりはしているが、写真に写る二人は、お姉ちゃんのお菓子を、じーっと見る弟という、よくあるきょうだいの姿だ。ゆうちゃんは今、近所の大きな公園の自主保育に通っていて、主に友里恵さんが共同保育の保護者として一緒に来ているのだが、そこに弟としてりゅうくんもいる。ゆうちゃんは運動が大好きで、コミュニケーション能力が高く、おしゃべりが得意。りゅうくんは穏やかでのんびりの癒し系。養子だからか「既成の枠にとらわれず、いいところが見える。自分にないものをもっている」と話してくれたが、それはゆうちゃんとりゅう君それぞれ二人の個性で、りゅう君のダウン症に焦点が当たっているのではないと感じた。筆者たちがフォスターへの参加を依頼したのも、りゅう君にダウン症があることを知らなかったし、それを撮りたかったのでもない。「ゆうの方が大変なこともあります」と友里恵さんは言った。上の子は初めてのことも多いし、活発で多感なゆうちゃんならではのこともあるかもしれない。しかし世間は、健常児だから順調で、ダウン症だから大変と先入観をもつかもしれない。

筆者がかつてインタビューした女性に、不妊治療をして、授かった子どもの一人にダウン症がある人がいた。彼女は「子育てはもともと大変だから染色体が一本多いくらいのプラスアルファだと思う」だと言った（白井 2012）。りゅう君も、これから、どのようにケアしていくか、学校をどうするか、生活や仕事をどうするか、考えていくことはあるだろう。ゆうちゃんも同じだし、ゆうちゃんが特別に何か大変なこともあるかもしれない。

ダウン症があるとわかっていて養子で迎えるのはどのような経験だろうか。筆者が出会った人が語ったきっかけや動機は様々だ（白井 2018）。民間養子縁組機関から「短期で少し預かってほしい」と言われて預かって、「返したくない、このまま家族でいたい」と思った人。「乳児院から出してうちに連れて帰ってあげたい」と思った人。「預かっていた時に、上の子がとてもかわいがっていた。ダウン症の子が家庭で育つことができるだけではなく、みんなにいいことがあると思った」という人。

ダウン症の子を養子に迎えて大変だったことを尋ねたら、次のように答えた人がいた（白井 2018）。

ダウン症の親子の会に行った。他の人は出産した人。うちはまだ養子縁組の審判がおりていないので、親と子どもの姓も違う。説明が難しい。ダウン症の子がよその家でお世話になっているというのが信じられない、という反応かもしれない。いいことと捉えられるかもしれないけど。

ダウン症の受容ができていない家庭が多いから、「ダウン症とわかっていて産んだ？ 産んでからわかった?」という話になる。私はその心境に共感できないし、嘘をつくのもだますようで嫌。そのとき会った人に経緯を話す気にもなれなくて、会から遠ざかってしまった。

「養子縁組でも大変なのに、ダウン症の子を迎えるなんて、もっと大変」「ダウン症の子の親になることは大変で受容が難しいものだ」「わざわざ障害のある子の親になる人がいるのか」という社会の価値観にふれたら、理解されないと感じたり、説明が難しいと感じることもあるだろう。一方で、清水さん自身はそのような経験はないという。ダウン症の子を養子縁組で迎える経験もまた、非常に多様である。

生きるということ

清水さんは、これまでの生き方や生活の一部として、養子縁組があるように見える。徹さんは子どものときに海外で暮らしたことがあったし、先述のように徹さんと友里恵さん二人でスウェーデンに暮らしたこともある。多様な価値観や多様な家族にふれ、自分がアウトサイダーである経験もしただろう。今二人はそれぞれデザインに携わっているが、友里恵さんは一般職をしながら再び大学で学びなおした。デザインや製作では、師匠のような人の下で働かせてもらって学ぶ経験もした。家具や用品、ファブリックのデザインは、何が心地よいかという空間のデザインにつながっていく。暮らしのデザイン、空間のデザインは、執筆やワークショップの開催など、

「デザイン」の枠を超えていく。

養子縁組で子どもを迎えて、子どもを大きな公園で仲間と自主保育で過ごし、今清水さんは仕事で出会った北の大地に家を作っているところだ。デザインをし、自分の手で修繕して、心地よい住まい、暮らし、つながりを作っている途中だ。そこにゆうちゃんとりゅう君との出会いもある。ゆうちゃんの子育てを通して、毎日一緒に子どもの成長を見守る自主保育の仲間たちとも出会った。

江連が「家族って何だと思いますか?」と清水さんに問いかけたら、しばらく考えた後で、ゆうちゃんに「家族って何だと思う?」と問い返した。すぐさまゆうちゃんは「みんなで暮らすっていうことだよ!」と返事をした。答えは子どもが知っている、のかもしれない。

■参考文献

白井千晶 2012『不妊を語る――19人のライフストーリー』海鳴社

白井千晶 2018「ダウン症の子を養子縁組する――不可視化された「育てられない子ども」」『支援』vol.8: 31-42

Ⅲ　託す

1 齊藤益子さん（施設と里親に預けた経験がある母親）——家族を手放さないために預ける

次に紹介するのは、お子さんを児童養護施設と里親に預けたことがある齊藤益子《ますこ》さんだ。

益子さんは、ふうくんが小学校中学年、ゆづちゃんが一歳の時にそれぞれ児童養護施設と里親に預けた。理由は、益子さんの自殺未遂を契機にストレスケア病棟（精神科）に入院して、自身のケアをするためだ。

パートナーのDVから子ども二人を連れて逃げて、居場所を知られないようにしながらシングルマザーで一年半がんばったところで、解離症状から自宅のベランダから飛び降りようとするところを、ふうくんが抱きしめて止めたという。医師からの「一回やすみましょう」との意見で、二週間入院することになったのだが、子どもを預けて入院する準備に二か月もかかった。

入院にさいし、益子さんの親きょうだいは、子どもたちを預かってくれなかったのだが、益子さんは小さな時から、親族から受け入れられずに過ごしてきたという（気を配ってくれた家族もいたが）。親族からの性虐待や性被害も経験した。

DVによるPTSD症状や解離症状、ひとり親のぎりぎりの子育ての中で自殺未遂に至り、「家族（生殖家族、つくった家族）を守る」、つまり自分が死なない、子どもを傷つけないために入院を決めた。親族が預け先にならず、手助けをするどころか突き放したことから、家族を見切った、家族を脱ぎ捨てたそうだ。他方、それまでの家族やパートナーからの経験から、人の親切を信じきれなかったが、手続きのために同行したり、入院前後に家庭のような役割をしてくれたケースワーカーや友人の親に接して、初めて頼っていい、助けを求めていいと感じ、「家族をはき違えていた」と思った。

このようにして益子さんの入院時に子どもは社会的養護になったのだが、ふうくんは、自身が自殺未遂を止めたぐらいだから、「母がよくなるため」と自分が児童養護施設に滞在する理由を理解していた。もともと母にＤＶから逃げるよう告げたのも、ふうくんだ。しかし施設から戻った後「もう一回はいやだ」と言ったという。施設は子どもたち同士が個人的なことを話してはいけない決まりで、互いが話さないように同じゲームがたくさんあり、一人ずつ遊んだ。子どもの入れ替わりがあるために施設職員は一人一人に施設の習慣を教えてくれず、ふうくんは、他の子の見よう見まねで施設の生活についていったそうだ。

ゆづちゃんが乳児院でなく里親に預かってもらったのは、ゆづちゃんがフリーズするために児童相談所が乳児院より里親がいいのではないかと提案したからだ。益子さんは、そんなゆづちゃんをどのように世話すればよいか里親に伝えたかったが、里親の名前や連絡先を知らされず、直接連絡を取ることを禁止されて、入院前に長い手紙（伝言）を書いた。児童相談所のケースワーカーいているという。

が電話をして電話をかわってくれることもなかった。今でも子どもと離れるときの光景が焼き付

退院後も、里親には手紙で感謝を伝えただけだ。里親さんからの手紙には、「預かって一一日目に、鳩が飛び立つのを見て笑って、ほっとした」と書いてあった。

益子さん自身は入院して、他の患者の様子を見てフラッシュバックを起こしたりしたが、自分のことだけ考えるよう意識し、大人とたくさん話し、心身が回復する人を見て、死にたいという気持ちから、楽しいと感じられるようになったそうだ。

その後ゆうちゃんが生まれ、益子さんはいま、玄関を子どもと写る写真でいっぱいにして、「初めての家族を確かめている」という。そして益子さんはカウンセリングをする立場になった。預ける人が、助ける人にもなるのだ。

益子さんがフォスターに参加してくれたのは、誰でも預ける側にも預かる側にもなりうることを伝えたかったからだ。預けたのは、「家族を手放さないため」、「自分も子どもも死なないため」だと益子さんは語る。家族の別れや終わりではない、家族を助けリスタートすることだという益子さんの今の家族写真を見てほしい。

2

奥田幸世さん(養子に託した生母)――あふれる母性を止められない

今回の撮影では、お子さんを養子として託した生母(バースマザー:birth mother)も入って下さった。生まれた子どもの後ろには生みの親がいて、生んだ人なくして子どもはいない。子どもにとって生みの親は様々な感情を伴う特別な存在で、育て親がそれを尊重しなかったら自己を否定されたような感情をもつだろう。生みの親、子ども、育て親の関係は、「アドプション・トライアングル(adoption triangle)」と呼ばれている。

フォスターに協力してくれた奥田さんは、写真展のキックオフイベントで登壇してくれ、次のように経緯とフォスターに協力した理由を語った。

私は三年前に第一子を養子に出した産みの親です。自分のもとで育てたい気持ちはありましたが、子供の父親の事など様々な事情から、子供を手放すことを決めました。

写真展皮切りのキックオフイベントで話す奥田さん(筆者撮影)

生む前から養子に出すことを決めていましたが、親子の縁が切れることは私にはとても重く、ようやく決断できたのは妊娠八か月の終わりでした。

さんざん悩み、割りきっていた気持ちも、産んでみると我が子は想像以上に愛しくて、日一日と近づく別れの日に一人泣きました。

お別れの前に一枚だけ我が子を抱いて写真を撮るのですが、笑って別れよう、もう泣かないと決めていたので、私の写真は我が子にミルクをあげながら笑っている写真です。

向けられたカメラをまっすぐ見れなかったのは笑顔が精一杯の強がりだったからです。

我が子と別れた後の私は生活を立て直すため必死でした。

仕事に戻ると同時に、空いている時間を使って、人手不足で困っていた会のお手伝いを始めました。

少しでも我が子の事を近くで見守りたいと思った気持ちは否めませんが、同じ様な女性の力になりたいと思ったからです。

それからは娘の成長は養親さんから届くアルバムやお手紙、そして会のホームページで見守っていました。初めて娘と再会したのは娘を産んでからちょうど一年半の母の日でした。

私が一歳の誕生日に贈った黄色いドレスを着ていました。

抱かせてもらった娘は、他の赤ちゃんを抱っこしている養親さんに嫉妬し、私の腕の中で暴れました。

あぁ、私の娘じゃないんだと感じた瞬間でした。

それでもそのあとに娘から直接手渡されたカーネーションは母であることを認めてもらえたことの様で嬉しかったです。

今も年に最低一度娘に直接会う機会があります。

それでも真実告知を始めたばかりの娘は私が誰かを理解できていないことを思うと、自分から近付いては行けません。

近付いて抱きしめても怖がられてしまうことが怖くて、少し距離を置いて娘の様子を見ています。

いつか娘は真実を理解して、手放した私を憎む事もあるかもしれない。

母親がもう一人いる事実は娘を苦しめるかもしれません。

それでも、私は養親さんから娘が『私ここにきて幸せだよ！』と言えるよう育てて下さると言ってくださったので、その言葉を信じています。

産む前は結婚を約束していた相手とは言え、安易に妊娠してしまった自分を責めたこともあります。

この子がいなかったら、と思ったこともあります。妊娠中は過去のことを考える時間が長くて、未来のことは今日や明日のことを考えるのが精一杯でした。

我が子の成長を離れたところから見守っている今は、娘の明日のこと、自分の明日のこと、五年、一〇年後、そしてもっと先の将来のことを考える時間が楽しくて大好きになりました。いつか娘が私を産んだ母と認めてくれたらいいな、と思いながら、そのいつかの為に、私はあなたを産んで幸せでしたとできるだけ沢山伝えてあげたくて、どんな形でもいいから残しておきたくてフォスターにも参加させていただきました。

私たち産みの親は普段顔を出すことも声を上げることもありません。そんな私たちにも発言や表現する場を与えてくださったことに感謝しています。

彼女へのインタビューを編集して、もう少し詳しく奥田さんの経験を紹介したい。

結婚しようねと話していた彼と同棲していて、妊娠しました。彼は年齢が高かったこともあって子どもを熱望していましたし、私も結婚すると思っていました。「結婚が先になっても、子どもが先になってもいいよね」と話していて、妊娠したことを伝えたら、とても喜んでくれて、「一緒に育てようね、結婚しようね」と言ってくれました。ところが事情があって突然帰って来られなくなり、私の貯金も凍結されました。私は突然のことにどうすればいいかわからなくなりました。

それでもエコーを見たら中絶できなくて、一人で泣いて暮らして妊娠六か月を過ぎました。インターネットで特別養子縁組を見つけましたが、「親子の縁が切れる」という言葉を目にしたら決断できませんでした。

母親に相談したら、うちで暮らしながら育ててもいい、帰ってきていいと言われましたが、現実的に、私の実家は田舎で職がなく、シングルマザーで生活できる土地ではありません。母親に養子縁組を決断したと伝えたら、叱られましたし、母も泣いていました。

養子縁組の決断は簡単なことではありませんでした。行政には何回も足を運んで、その都度案内される窓口に行って、毎回一から事情を説明しました。貯金がなくなってしまったので出産費用もなく、産んでもすぐに働き始めないといけないのですが、収入があるから受けられる支援は制約されるし、保育園は空きがないと入れないと言われました。仕事を続けられるかわからなかったのですが、就業証明がないと申し込みもできません。乳児院も調べました。私はその時、立ち直れる見通しが全然立たなくて、どれだけ頑張ったとしても、「いつ迎えに来てあげるからね」と言い切れない自分がいて、そんな無責任なことしていいのかと決心ができませんでした。

最終的に養子縁組を決めたのですが、通院していた病院に転院のために紹介状を依頼したところ、養子に出す人に紹介状は書けないと言われました。骨盤が狭くて陣痛が来て一日たっても生まれなくて、帝王切開になりました。お腹にいるときにエコーの写真を見ているから、自分の子どもがどういう顔をしているか見たかったし、抱っこもしたかった。欲張りかもしれないけど、成長も見守りたいし、いつか会えたらいいなと思いました。

産休を取ったのに育休は取らないし、お腹が大きくなるのも見ているから、職場の人たちには養子に託すことを伝えました。友人は自分で産んで育てている人がほとんどで、離婚しても、生活保護を受けていても、頑張って育てているので、「何で手放すの」と言われることを考えてしまって、なかなか言えなかったです。

養親さんが特別養子縁組を家庭裁判所に申し立てると、私も経緯や意思の確認のために家庭裁判所の調査官に話をすることになります。私の時は、四人の調査官に別々に同じ話を何度もしました。齟齬がないかを確認しているのかもしれません。私の確認不足だと指摘するような質問をされました。最後に、同意書にサインをするときに、もう死ぬほど悩んできて、元の生活を取り戻そうと思って頑張っていて、赤ちゃんも養親さんの家で生活しているのに、「何でそんな簡単にサインするんですか」と言われて、「簡単にサインしてるわけではありません」と答えて、部屋を出て大泣きしました。

養親さんから定期的に子どものアルバムをいただいているのですが、やっぱりかわいいです。いつも持ち歩いています。子どもが私に会った時に、恥ずかしくない生き方をしていたいと思います。

いま私は同じ立場の女の子たちから相談が入ったときに会いに行って話を聞くお手伝いをしています。私が出産した時に、同じ立場の女の子が一緒にいて、彼女と話して救われたので、私も同じように話を聞くことができたらと思っています。私が話をすることで、今悩んでいる女の子が相談しやすくなったり、女の子たちに接する医療や福祉、行政の対応がよくなるのならと思って、話をしています。所持金が三〇〇円しかない、家がない、出産間際で保健センターに行っても妊娠証明がないと母子健康手帳が出せないと言われることもありますし、一緒に産婦人科についていくと「どうしてもっと早く来ないの」「こんなになるまで放っておいて」と叱られます。みんなびくびくして行政や産婦人科に行っているので、私が一緒に行けたら私が謝っています。産むとき、産んでからも、手放した負い目があるので、自分を押し殺して我慢していて、子どもに会いたいとか写真が欲しいという希望が言えません。追い詰められているので、素直に気持ちをさらけ出せる人がいて大丈夫だよと声をかけてもらえたらと思います。

成長した娘に再会した時にも、取り乱して泣いて抱き着いたりしないのは、そうしたら子どもが驚くだろうという子ども目線でのこと。彼女は子どもの求めに応じていつでも役割を果たせるように「スタンバイ」しているように見える。育てていないけれど、いつも幸せを祈っている、その顔はまさに母の顔だと思う。

彼女は身近な人にも、自分が生んで養子に託したことを話し始めたのだが、それは「あふれる母性を止められない」からだという。友人が出産の話をするときに、自分は産んでいないふりをするなど出産の事実を隠すことは、自分の辛い経験や娘の存在をなかったことにするような気持ちがするだろう。いま日本でそのような経験をしている女性は多くいるのではないか。

危機的妊娠と養子に託す女性の現在

筆者は、望まない妊娠、予定外の妊娠といった用語を使用せず、危機的妊娠（crisis pregnancy）という用語を使用している。望んでいた、予定内の妊娠もあるからだ。妊娠・出産を継続しがたい、自身で育てることが難しいという意味で「養育困難な妊娠」と表現した時期もあったが、困難な状況にある妊娠（pregnancy in hardship）が、女性のライフコース、生活に危機を与えることを焦点化して、「危機的妊娠」と呼ぶことにした。

危機的妊娠の実態を捉えることは難しいが、人工妊娠中絶、死産児や嬰児遺体の遺棄、生きた新生児の遺棄や置き去り、養育拒否や養育困難による乳児院入所、養子縁組などから総合的に判断するしかない。

産んでも育てられない、という養育困難の場合に利用できる行政の保護・支援制度を表1にまとめた（白井 2017d）。①出産への経済的支援や制度、②児童の社会的養護、③婦人保護制度、④ひとり親や経済的困窮者に対する福祉制度、の四種があり、各種制度はそれぞれの根拠法に基づいて運用されている。

危機的妊娠・出産の公的相談・支援の不備

このように整理すると、相談先や支援制度が充実しているように見えるかもしれない。しかし、養子縁組を検討するほど差し迫った妊娠の相談状況を調べるために、筆者が民間養子縁組機関に相談ケースの概況を尋ねたところ（白井 2017b）、養育困難だという相談の初回面談時点ですでに妊娠後期であるケースが四七％で、初回面談時に妊娠後期であるにも関わらず、うち三九・四％は出産施設未確定、四三・九％は妊婦健診未受診、三八・八％は母子健康手帳未取得という喫緊の状況だった。

相談者の八七・〇％は未婚で、子どもの父親との関係についてみると、「子の父と別離」四一・八％、「子の父が支援や養育を拒否・連絡が取れない」三八・〇％、「子の父が誰だかわからない」一五・九％、「夫・パートナーの

表1　妊娠・養育困難の場合に利用できる行政の保護・支援制度

出産への経済的支援や制度	入院助産（低所得で入院出産できない妊産婦に指定病院で出産したときの費用を助成：児童福祉法）、出産育児一時金の貸付制度（出産後に支払われる出産育児一時金を出産前に貸付：健康保険法）、直接支払制度（出産育児一時金を健康保険組合から医療機関に直接支払うことにより、多額の出産費用を用意しなくて済む制度）
児童の社会的養護	社会的養護（里親委託、養子縁組、母子生活支援施設、乳児院等：児童福祉法）、ショートステイ・トワイライトステイ（自治体の児童福祉・子育て支援事業で、宿泊を伴う預かり制度、小学校卒業まで：児童福祉法に基づく児童短期入所生活援助事業、夜間養護事業）、親族里親（低所得等の条件あり：児童福祉法）
婦人保護制度	婦人保護施設（DV 被害者などの要保護女性、売春のおそれがある女子を保護する施設、現在は生活困窮も対象と通知：配偶者暴力防止法 および売春防止法 ）
ひとり親や経済困窮者に対する福祉制度	ひとり親支援（主要なものとして、ひとり親への児童扶養手当：児童扶養手当法）、母子生活支援施設（母子が施設に住まいながら就労支援などを受ける施設：児童福祉法）、生活扶助（生活に困窮する人が自治体から生活扶助、医療扶助などの生活の扶助を受ける：生活保護法）、生活福祉資金貸付制度（都道府県社会福祉協議会が主体となる公的な貸付制度、低所得者に生活に必要な資金の貸付をする制度、保証人や利子の有無は費目による：社会福祉法に基づく第一種社会福祉事業）

例えば、妊婦健康診査費用助成（全妊婦）、出産手当金（被保険者）、出産育児一時金（被保険者および家族）、産前・産後休業（被雇用者）、育児休業給付金（被雇用者）、乳幼児医療費助成制度（全乳幼児）など、すべての妊産婦や乳幼児を対象にした制度は除く。出産育児一時金は、妊娠 12 週以後の（人工・自然）死産も対象。健康保険に未加入、資格喪失の場合は支給はない（条件あり）。
白井（2017d）より再掲

子ではない」三・八％と不安定な状況である。また「性暴力による妊娠・強姦（レイプ）」八・七％、「風俗や売春など生計上の妊娠」七・二％、「家族内の妊娠」〇・五％だった。親との関係は「親が不適切、関係不良・希薄」三六・一％、「親の反対」二六・九％と親の支援も得にくい。五八・二％が「無職・非正規就労」で、未婚若年者の貧困が危機的妊娠の背景にあることがわかる。相談者の生計や経済的状況は「風俗」七・七％、「生活保護受給中」四・八％、「借金あり」は六・三％だった。一五・九％が「妊娠期を過ごせる住まいがない」、五・三％が「現居住地に住民票がない」。また本人に疾病や障がいがあるケースは一二・五％あった。三・四％は本人か子供の父が外国籍、無国籍一・〇％、「離婚後三〇〇日問題」がある人が〇・五％だった。[1]

利用しづらい福祉制度

このデータだけで危機的妊娠の相談・支援に関する全貌は把握できないが、こうした背景や環境を鑑みると、窮地に立たされた女性にとって、公的な相談先や支援制度に相談しづらい障壁があるのではないだろうか。奥田さん自身、根拠法によって窓口が異なるので、何度もそれぞれの窓口に行って、同じ話を何度もして、話をしたにも関わらず、保育園の空きはない、前年度や現在の収入や常勤職があるので適用外、などの返答を受けていた。

そのほか、女性たちが制度を利用しなかった、できなかった理由として語っていたのは、「役所に相談すると目をつけられる」（白井 2014: 62）、「窓口に行っても産んでから相談になる」（同：

62）、役所に行ったが「産んでシングルで育てることが前提になっていた」（同：63）、「本人が行かないといけないのだけど、家を一歩も出られない」「出生届も出せない、分籍も行けない状況で、制度を繋ぐ方法がない」（同：66）、「役所の窓口は友人がしているので行けなかった」（同：66）、「レイプされたが（中略）風俗をしているので、職業をいろいろ聞かれるし、客の子でしょと言われるから警察には届けなかった」「家賃を滞納して夜逃げしたのは犯罪だと思うから、役所にも警察にも行けなかった」（同：68）などである。妊娠が危機的である背景が、相談のしづらさにもつながることがわかる。言い換えれば、現行の福祉制度は、各種制度が整っているように見えて、「切れ目ない支援」を謳っているが、困っている人ほどアクセスしづらい、使えない制度になっている。

養子に託す

先述の民間養子縁組機関アンケート調査では、相談者への支援として、母子健康手帳取得など行政への同行四四・二％、親やパートナーへの連絡や面談四一・八％、出産する医療機関を探したケースが四〇・九％、妊婦健診への同行二九・八％、妊娠中の滞在先の提供一八・八％、生活費や生活用品の提供一六・三％、児童相談所や子育て支援所管課への同行一四・四％となっていて、急を要する医療的対応のほか、生活支援、他機関連携、子どもの父や親族への連絡や関係調整、時には上の子の預かり、領事館への同行、法律事務所への相談、ＤＮＡ鑑定など、限られた期間でワンストップで多岐にわたる支援をおこなっていた。

最終的に養子縁組したのはこのアンケートでは七九・八％と約八割で、残りの二割は、自ら養育（一人で、子の父と、親と等）、行政預託（児童相談所等）などである。

民間養子縁組機関へのアンケートとは別に、当事者にインタビューをしてきたことからわかったのは、危機的妊娠の意思決定に関わる要素は、表2にまとめたように、①人工妊娠中絶の可能性、②年齢、③インフォーマルな支援の可能性、④妊娠の経緯、⑤フォーマルな支援の可能性、⑥本人や近親者、胎児や子どもの状況、⑦本人や周囲の信条、文化的背景、信仰、など多様な要素が複合的に関連しているということだ（白井 2014, 2017d）。過去に中期中絶など辛い人工妊娠中絶をして、今度は生きた赤ちゃんを産みたいと思ったり、中学生での妊娠など育てるとしてもそれまで相当の期間が必要だったり、学齢期の妊娠は子の父が当人の親やきょうだいなど親族間の妊娠で養育する可能性がほとんどなかったり、親の虐待やマルトリートメントで家出をして風俗業をしていたなど子育てのインフォーマルな支援が期待できない常置亜だったり。性暴力や性産業での妊娠など子の父がわからない、あるいは愛着が持ちにくいケース、健康保険が未払い、住民票が現住地にない、住所地がないなどフォーマルな支援にアクセスしづらい場合、非正規就労や無職で経済的に困難、本人や家族に疾病がある、など育てられない状況、施設養護にはしたくない、人工妊娠中絶したくない、非血縁的親子を肯定的に捉えているなど、信条や価値観によって選択する、などが具体的な事例である。

歴史的な視点で見ると、かつての日本は、子どもの「籍が入っているか」「籍が実子のようであるか」が重視されて、親子に血縁があるかどうかは、今ほど焦点にならなかったようだ(白井 2017c)。現代社会は、「命の大切さ」が叫ばれ、女性自身もそれを内面化しているために、中絶することや自分で育てないことに対し、自責の念や罪悪感、苦しみを感じて追い込まれていく。養子に託した人が「子どもの喪失」を経験するのと同じように、子どもは生みの親を喪失し、養育者は自らの子を生めなかったという喪失があると言われる。これは「喪失のトライアングル」と呼ばれるが、三者の喪失を深く理解し、グリーフをケアすることが求められている。次章で紹介するように、養子縁組専門のカウンセラーや、ピアグループがある。

表2 妊娠判明時の妊娠継続および養育の意思決定に関わる要素

人工妊娠中絶の可能性	妊娠が22週未満で判明したかどうか 中絶の費用、受診や欠席・休暇の可否 健康保険証が使用できるか(扶養者に開示できるか) 人工妊娠中絶の施術を受け入れる医療施設が見つかるか(例えば中期中絶) 過去の中絶経験
年齢	育てるには若すぎる(例えば小学生) 妊娠・出産により退学を余儀なくされる シングルマザーとして育てるには若すぎる
インフォーマルな支援の可能性	親との関係性(マルトリートメント、虐待、疎遠、関係不良) 過去の経緯(例えば借金、非行により頼れないと感じるか) 胎児・子どもの父親と関係が良好／婚姻の可能性
妊娠の経緯	性暴力による妊娠 風俗による妊娠、婚姻外の妊娠など非パートナーとの間の妊娠 家族内の妊娠(胎児・子どもの父親が女性のきょうだい、父親等)
フォーマルな支援の可能性	住民票が現住地にない、健康保険非加入・未払いなど相談できないと感じる障壁の有無 妊娠の経緯、他の非行や犯罪、親との関係によって相談できないと感じる障壁の有無
本人や近親者、胎児や子どもの状況	当人や近親者、胎児や子どもに深刻な疾病がある 無職、非正規就労 生活費、養育費の見通しが立たない(借金等) 住居の見通しが立たない(居所不定、ネットカフェ難民、車上生活、退職による立ち退き) 当人や胎児・子どもが無国籍、無戸籍
本人や周囲の信条、文化的背景、信仰	人工妊娠中絶、施設養育、非血縁的親子に対する考え 自身が養育することに対する評価、自己肯定感、有能感

白井(2017d)より再掲

また、海外では、法制度的な基盤をもって、記録の管理や長期的な支援がおこなわれている。生みの親と子どもが互いを知るオープン・アドプション（open adoption：奥田さんの経験はオープン・アドプションの一つの形である）、やりとりをしたり対面するリユニオン（reunion）では、それぞれの感情の揺れを受け止める支援者もいて、それぞれのニーズを調整するサービスもある。日本においても、それぞれの当事者の主体性と自律性を尊重し、それをサポートする支援が必要だろう。

コラム――奥田さんとは別の養子に託したある女性

私（筆者）に関わってくれた女性のお話をします。

私が彼女に初めて会ったのは、彼女が妊娠五ヶ月のときだったと思います。見知らぬ土地のシェルターに来ていました。生活の心配がなくなったとはいえ、仕事をすることもできず、友達も近くにいなくて、時間だけでなく気持ちも持て余していたかもしれません。

彼女は親にひどい扱いを受けてきたこと、家出をしたこと、都会での生活、風俗の仕事など、私にこれまでのことをたくさん話してくれました。

中絶は考えなかったこと、どうして産みたかったか、どうして育てられなかったか、養子に出す決断をしたのか、何度も自問自答してきたことを、誰かに話したかったのだと思います。

妊娠中、彼女は父親に電話をかけたそうです。公衆電話から、父親が出ないことがわかっている時間にかけて、養子に出すと留守電に入れて、電話を切る。屈折したその行動を聞いて、私は、彼女は継母に受けた虐待より、父親がそれを咎めないことで、彼女より継母をとったことが傷付き体験だったのではないかと思いました。

そんな彼女にとって、お腹の赤ちゃんは初めてできた家族だったのではないか、と民間養子縁組機関のスタッフは私に言いました。

お腹の子が逆子になった時、彼女は「元気に生まれるためなら、ちびちゃんはママの子宮を持っていっていいからね」と語りかけたそうです。ダメだよ、次のお産は育てたいんでしょ、と私は思いましたが、伝えることはできませんでした。

出産してすぐ、彼女は彼女を産んだ母を強く思い出したそうです。産んでくれてありがとうと思ったそうですが、きっと、どうして私を置いて出て行けたの？と思ったのではないかと感じました。

彼女は入院室から泣きながら電話をかけてきました。おいしいごはんが食べられないと。養子に出すことで支払えている入院費、子どもに申し訳なくて、ご飯が食べられないと泣くのです。

子どもを託した後、彼女はしばらく荒れました。辛いけど子どもを幸せにするんだと頑張ってきたのに、お腹が空っぽになってしまって、糸が切れてしまうのもわかります。

養子縁組も里親も、迎える子どもは誰かが産んだ子どもです。ひどい話もたくさんあるかもしれないけれど、そうやって産んだ人がいること、子どもにも皆さんにも知っていただきたいなと思いました。Ｕｍｉのいえつうしん(vol.2、二〇一八年四月より)

■注

1 離婚後の女性の再婚禁止期間のことで、その期間に出生した子どもは、嫡出の推定で、前夫の子となる。

■参考引用文献

白井千晶 2014「妊娠葛藤・子の養育困難にある女性の養子に出す意思決定プロセスと公的福祉——特別養子縁組で子を託す女性の語りから」和光大学現代人間学部紀要 7: 55-75

白井千晶 2016a「「若年母」の妊娠・出産・育児経験と社会のまなざし——当事者の語りより」人文論集 66(2): 11-34

白井千晶 2016b「民間養子縁組支援機関が対応した妊娠相談からみえる養育困難な妊娠の現況について」『新しい家族』59: 117-123

白井千晶 2017a「女性の「責任」——「いのちの大切さ」と「子どもの幸せ」の時代に」『子どもを産む・家族をつくる人類学——オールターナティブへの誘い』松岡悦子編、勉誠出版 : 97-127

白井千晶 2017b『「日本における妊娠葛藤・養育困難相談および養子縁組支援の現状と制度設計に関する研究」報告書』

白井千晶 2017c「昭和初期と現代における養育困難な養子縁組——籍から愛へ」『変容する社会と社会学——家族・ライフコース・地域社会』岩上真珠・池岡義孝・大久保孝治編、学文社 : 78-100

白井千晶 2017d「若年女性の危機的妊娠の相談・支援の現状について——日本、アメリカ、韓国調査から」『人文論集』68(1): 1-20

Ⅳ　託し託される

1 若林朋子さん（養子）——養子であることを肯定する

朋子さんは一九七一年に若林夫婦の養子になった。富山市生まれの富山市育ち。一人娘として大切に育てられ、関西の大学で一人暮らしをしたあと、故郷に戻って新聞記者に。現在はスポーツから教育、医療、児童福祉、女性など幅広く扱うフリーのライターだ。父の介護をしながら今も両親と富山市で暮らしている。写真に写る朋子さんは、地に足の着いた、しっかりした大人である。

告知のこと

朋子さんが自分は養子だと知ったのは六歳だったという。歯科医に行くのに持たされた健康保険証に「養女」とあった。当事は特別養子縁組制度はなく、普通養子だから続柄がそのように表示される。親は子どもだから漢字が読めないし、意味がわからないと思ったのだろう。しかし朋子さんは自分が養子だとわかったし、わかったことを親に知られてはいけないと思ったそうだ。

親から「告知」を受けたのは二〇歳の時。パスポートを取得するために、戸籍を取り寄せた時だ。

戸籍謄本とともに長い手紙が入っていた。六歳の時に知ったのは、自分が養子であるという事実だけだったが、ここで初めて、若林夫婦の子どもになった理由や経緯、血縁関係がある人のことを知った。

出産一か月後に母が病気で亡くなり、生まれたばかりの朋子さんと兄の二人を抱えて父が憔悴し、朋子さんを乳児院に預けたこと。子どもがもてなかった若林夫婦が乳児院を訪ねて、預けられて四か月後に養子として来たこと、養父母は乳児院で赤ちゃんだった朋子さんと目があって縁を感じたこと、実の子だと思っていること、などだ。六歳から二〇歳まで、養子という事実は知っていても、生みの親が誰かはわからなかった。告知を受けて、埋まらなかったパズルの最後のピースが収まった気がした。

告知以外のこと

しかしそれで終わりではない。生父と家族、兄と家族に対面したのは、三〇代になってからだ。二〇代の時には生母の姉に会っている。告知から朋子さんの次の人生が動き始めた。

生父と話してみると、朋子さんに申し訳ないと思っていることがわかった。朋子さんは若林夫婦が親であることを幸せに思っていたから、不幸な選択ではなかったと生父に伝えた。「仕方がなかったんだ」という言葉を受け入れることができた。実際、やむを得なかったと思っている。生父がなぜ兄は育てて、朋子さんだけを預けたかということについても、乳飲み子で仕方なかったかと思う。生父は妻を亡くして、相当参っていただろう。しかし、兄は長男で自分は女の子だったからかもしれない、自分の顔に血管腫があったからかもしれない、自分を妊娠していたために生母は癌治療ができず、自分が母の寿命を縮めたからかもしれない、とも思う。それが事実なのかどうか、それとも世間でよく言われる「自己肯定感が低い」ということなのか、確かめようがない。

幸せな子ども時代を送り、養父母から誠実に告知を受け、生みの親やその親族と再会を果たし、互いのそれまでの人生や心情を共有することができても、養子縁組特有の課題はある。

例えば、生父は朋子さんの町から遠くないところに住んでいた。生父は乳児院に預け、養父母は乳児院に行って朋子さんに出会ったのだから、当然だろう。生父は朋子さんがどこにいるかわかっていた。高校合格時に、新聞に掲載された若林朋子という氏名を見て生父が号泣していたと、後日知った。養父母に入学祝いが届けられていたことは、当時朋子さんは知らなかった。

その高校には、二歳離れた兄も通っていたという。それは運命の赤い糸というようなよくあるドラマチックな話ではない。中高生にはよくあることだが、「部活のかっこいい先輩」を話題にすることもあったから、知ったときには怖かったという。万が一、恋愛関係に発展したら、大きな問題が起こる。大人たちは二人が同じ高校に通っていると知っていたことも、憤慨することだろう。

生父と兄と三〇代で会うことになったのは、兄が病気になったからだった。兄の意向である。その後、兄は亡くなってしまったのだが、生母、兄とも四〇歳前後で癌で亡くなったことから、朋子さんは遺伝性疾患に怯えた時期があった。

血縁者の生活圏や遺伝的情報など、養子に必要な客観的情報があると朋子さんは考えている。しかしそれを養父母や生父母にあとから言っても、責めているように受け取られかねない。朋子さんは彼らの行動を批判していないし、感謝もしているから、非常に難しい。

朋子さんはその後、里親の研修会など、他の人に役立てる場所で自身の生い立ちを語ったり書いたり、里親や子どもにインタビューしたりしている。朋子さんによれば、告知は「親と血縁関係がないことを知る」だけではない。生みの親が誰かを知る、生みの親と再会する、という要素が必要で、さらに、「自分の生い立ちを他者に語る」、「自分の人生を肯定する」という状態に至ってはじめて完了することができるという。[1] 朋子さんは事実を知って約四〇年、告知を受けて約二五年たって、四〇代の今、その境地になったそうだ。朋子さんは以下のような文章を寄せてくれた。

認知症の父は最近、「おーい中村君」という歌がお気に入り。どこへ行っても歌っている。昨日もデイサービスで歌い出し、止まらなくなった。昭和三三年の歌だ。「いかに新婚ほやほやだとて　伝書鳩でもあるまいものを」という歌詞がある。どんな新婚生活だったのか？

ごく最近、父は母と再婚だったと知った。家族って面白いなあ。いまだに知らないことがある。

両親を車に乗せて走っていると、二人は頓珍漢《とんちんかん》な話を延々としている。私は運転しながら、吹き出してしまった。

父：あなた、どちらさんけ？
母：若林です。
父：へ～、私と一緒やね。おうちどこ？
母：そこの角曲がったとこ。
父：へ～、私と一緒やね。お子さんは？
母：朋子と言います。
父：へ～、私と一緒やね。どこにおるんけ？
母：目の前に。
父：運転手やと思っとったわ。

漫才のネタのようである。人間、九〇年も生きていたら、いろいろなところが綻んでくるものだ。

ちなみに毎週日曜日、ランチを食べに行くのは、富山市内のデイケアハウス「にぎやか」。この施設は「富山型デイサービス」といい、高齢者・障害者・乳幼児が、一つ屋根の下でケアサービスを受けることができる。サービスの必要でない人も自由に出入りし、食事をして楽しい時間を過ごせる。「にぎやか」のコンセプトは「親子じゃないけど、家族です」。スタッフは育児支援にも力を入れている。私は「にぎやか」に来ると、自分が養子縁組家庭で育ったことを抵抗なく話すことができる。むしろ、誇らしく思える気がする。

四〇数年前、私が幼いころに同じ歌を何度も歌ったり、頓珍漢なことを言ったりした時、両親はどうしていたのだったろうか？　記憶にないが、父は笑い、母は生真面目に答えていたのだろうと思う。そうしていたに違いない。育児と介護は、似たようなところがある。一緒に過ごした時間を、立場を変えてリピートするのが家族ではないだろうか。人生の最初の時間と最期の時間を共有するから、「親子」になれるのかもしれない。

リユニオン

生い立ちを他者に語り、自身の人生を肯定することができる、それでもなお対峙する課題がある。英語圏では、生みの親やその親族、きょうだいと養子になった子どもが互いを知ったり、間接的にであれ直接的にであれ、やりとりしたり対面することを「リユニオン（reunion）」という。再会、再統合、交流、といった意味だ。（リユニオンは原初的に結びついていたものが再び正しく結ばれるという規範的含意があると批判される言葉でもある。）

養子縁組の数が多い諸外国では、生みの親（特に生母）、養親、養子などによる当事者団体や当事者活動が盛んで、出自（ルーツ）をどのように知れるか、情報の管理と公開などの法制度が整っている国もある。養子側の条件が整えば、生みの親から子どもをたどることができる国や地域もある。そうした国では、情報を知りたいか、なぜ知りたいかカウンセリングしたり、リユニオンをサポートする専門機関がある。リユニオンしようとする時、している時、アクセス、接触、交流をする時には、心が揺れたり、怒りや悲しみを感じたり、相手との調整が必要になったりするからだ。筆者が訪れたイギリスの社会福祉団体 After Adoption は、養子縁組仲介団体ではなく、ポスト・アドプションと呼ばれる、養子縁組後の領域のみを対象とする団体で、生みの親が子どもに書く手紙のアドバイスまでしていた（白井 2017）。相手の状況や気持ちも考えず、ただ自分の思いをぶつけたりしないようにである。

リユニオンというと、生みの親と子どもの再会や交流と思いがちだろうが、大きな課題になるのは、生みの親側の親族（birth relative）や養親側の親族（adoptive parent）との関係である（Trinder et al. 2005）。親はいずれ亡くなってしまうから、生みの親の子どもなど次の世代との関係の方が長いし、生みの親の新しい配偶者やその子どもなど、関係者とのつながりが増えることもある。

朋子さんの場合、生父だけでなく、出産後すぐに病気で亡くなった生母のきょうだいとその子ども、生父がその後再婚した妻とその子ども、兄の妻とその子どもなどの「生みの親側の親族」ができた。朋子さんが小さかった時には、生母の父母や、生父の父母、つまり実方の祖父母との関係もあったかもしれない。その親族の中には、養父母が関わっていた人や、近所に住んでいて、朋子さんを小さな頃から見守ってきた人もいた。

朋子さんは一緒に暮らせなかった兄を「兄」、生父の再婚後の子どもは「妹」、兄の娘は「姪」、生母の姉は「伯母」と呼ぶ。しかし、それらの親族が朋子さんをどのような存在と捉えるか、想像してみてほしい。「伯母」にとっては、朋子さんは若くして亡くなった妹が残した子どもである。面影に旧懐を感じるとともに、妹が亡くなったために養子になったことに対して、憐憫の情もあるかもしれない。事実、この伯母や、生母の兄嫁は、朋子さんと朋子さんの兄を二人まとめて引き取りたい気持ちがあったようだ。長らく、「自分の手で何とかできたのではないか」という後悔があったそうだ。生母の姉は朋子さんの養子先住所と近く、養父母とも連絡を取り合って、朋子さんが育つのを見守っていたと後日知った。しかし、生父側はそうはいかないだろう。生父は、妻を亡くして、子ども二人も妻側親族に引き取られたら、生きる望みを失ってしまうかもしれないし、関わりが持てなくなってしまうかもしれない。家を守るためには、長男を手放すわけにはいかない使命もあるかもしれない。一方、生母側の親族にしてみたら、兄は育てて、乳児は養子にした生父側をよく思わない人がいてもおかしくない。兄は再会から四年後に亡くなってしまったが、兄の妻、兄の子とは、今でも付き合いがある。彼らにとっては、亡き夫や父親と血がつながった朋子さんには、特別の親しみがあるだろう。

生父の再婚後の子どもである「妹」はどうだろうか。彼女からみれば朋子さんは父親の前妻の子どもである。父親が養子に出したという罪悪感のような触れたくない気持ちもあるかもしれない。父親が贖罪の気持ちを持っていたり、母親がその事実を受け止めるのに苦労しているのを見て、同情していたかもしれない。朋子さんは妹の母である、生父の再婚相手のことは、母（義母）とは呼ばない。妹にとっての父母と、朋子さんにとっての生父とその再婚相手は、同じ人間であるのに関係性が異なっている。

朋子さんは、養子である自身を語っていく決意を持っているのだが、例え「妹」の氏名や写真を出さなかったとしても、妹にとってみれば、望んでいないのに無理矢理巻き込まれてしまった感覚や、不用意に揺さぶられる不安があるかもしれない。だが朋子さんの見立てや受けた感触は、それとも少し違う。朋子さんは養子縁組とは、親子とは、家族とは、血のつながりとはと長年考えてきた。しかし妹は違う。「姉ができた」と喜んだ。なのにつきあってみると姉とは違う。それはそうだ。しかし妹の血がつながっているなら姉だという「一般的な」捉え方は、朋子さんの感覚と齟齬を生みだしうる。ただ、再会の折、亡くなった生母の写真を妹が持ってきて渡してくれたことには深く感謝しているという。

拡大家族

このように、養子縁組の関係者は、養子と生父母、養父母の親子関係にとどまらず、親族も含まれる。さらに、年月がたつと、次世代親族との関係性が焦点となる。日本では、それぞれの心情を受け止めるカウンセラーなどの専門家がいるわけでもなく、当事者同士が試行錯誤しながら推し量ったり、傷ついたり、ぶつかり合ったりしてしまう。

筆者がほぼ毎年アメリカ合衆国のコロラド州を訪問しているのは、生母(birth mother)のバベット(Babette)に会うためだ。彼女は一人目の子どもをシングルマザーとして育てている中で、二人目の子どもと三人目の子どもを養子に託した。子どもの幸せを見届けたいと、養父母と継続的な付き合いを続けるオープン・アドプションをしてきた。養子に託したあと、彼女は自らの人生を構築するためにシングルマザーをしながら大学に入学し、結婚して四人の子を夫婦で育てている。

ある時、養親が離婚してしまい、養母は子どもに温かな家庭を与えられなかったことや、離婚の消耗や、今後の生活の心配で、泣いていたそうだ。その養母をバベットは抱きしめ、「私がいるから大丈夫」と励ましたという。女性同士、シングルマザー同士の連帯を感じると同時に、養父母は子どもを育てて助ける側、生父母は子どもを育てられなくて助けられる側という二項対立図式を超えて、人生のプロセスにおいて生母もまた養母を助ける側になるのだと知った。

二〇一八年九月に筆者が訪ねたさいには、バベットの自宅でインタビューをおこなった。子どもたちを家に残して外出できないからだが、筆者たちは自宅でのインタビューを遠慮してもいた。子どもたちが出入りしうる部屋で、バベットがかつて性暴力にあって妊娠したことや、養子に託したことを話すことになるからだ。

やはり途中で彼女の一二歳の娘がやってきた。バベットは「人払い」することなく、私たちに娘を紹介して、訪問の目的を話した。私たちが恐る恐る「J君には会ったことがある?どう思う?」

と聞くと、彼女は「家族が増えて嬉しい」と即答した。

バベットは、それぞれの子どもと生母としてつきあっているだけでなく、養子になった二人目の子どもと、三人目の子どもが会う機会を設けたり、それぞれの家族と自身の今の家族が集まる機会を設けている。写真には、養子になった二人目の子どもとその養親や養子（きょうだい）、同じく養子になった三人目の子どもとその養親や養子、子どものパートナーや孫、今の夫や子どもたちが写っていた。「拡大家族」のような関係を作るためには、当人たちの並々ならぬ努力があったのではないか。

養子が生みの親を探すことはしばしば、「〝もう一人の親〟を探しているのではない、ルーツを探しているのだ」と言われる（例えばSilber et al. 1991）。しかし実際に、バベットのように、生身の人間としてその後の人生に関わっていくこともある。

告知は肩の荷を降ろすことではない。ゴールでもない。むしろ始まりだ。それは長い道の始まりになるだろうが、家族が増える始まりにもなり得るのだろう。しかしそこには努力とサポートが必要だ。何のために告知をするのか、子どもの豊かな育ちと人生のために、告知とそれにまつわる出来事がどのような位置づけをもつのか、今一度、深く考える必要があるだろう。

■注

1　二〇一五年五月六日全国里親会ブロック研修会における発表。

■参考引用文献

白井千晶 2017『日本における妊娠葛藤・養育困難相談および養子縁組支援の現状と制度設計に関する研究　報告書』

Silber, Kathleen and Speedlin, Phyllis 1991 *Dear Birthmother*. Corona Pub Co.

Trinder, Elizabeth., Feast, Julia. and Howe, David. 2005 *The Adoption Reunion Handbook*. Wiley（翻訳書を生活書院から近刊、白井千晶監訳）

若林朋子 2014「養子縁組あっせんと『真実告知』――当事者の立場から」『里親と子ども』9: 56-62

2

浦河べてるの家 向谷地さん・石川さん・川村さん（いろいろな立場）
——親の複数性

私的な預け合い

向谷地《むかいやち》生良《いくよし》さんは、精神疾患や依存症、精神障害などを抱えた当事者の共同生活体であり、「当事者研究」で著名な浦河べてるの家の立ち上げにメンバーとともに関わり、現在も理事として携わっている。浦河では、精神疾患があっても自身で子どもを育てている人もいるが、社会的養護として他の人に委託する人もいる。向谷地さん夫妻（生良さんと悦子《えつこ》さん）はそうした子どもの里親にもなってきた。当事者研究で世界的に有名なべてるだが、子育てという観点でも新しい視点を与えてくれる。

悦子さんが生良さんと結婚した当初から、急に入院になった精神障害のある親の子どもを生良さんが病院の医

向谷地ファミリー　生良さん、悦子さん、宣明さん、彩良さん、愛さん、吉めぐ

療ソーシャルワーカーとして連れて帰ったり、アルコール依存症などで子どもの世話ができていない家の子どもを預かるなど、向谷地さんの家でしばらく過ごす子どもたちがたくさんいたという。悦子さんによると、生良さんと結婚してすぐ、生良さんが預かってきた子どもの弁当作り、夕食作りに明け暮れ、三〇人の夕食を作ったこともあったそうだ。その後、精神科に入院する親御さんの子や、子どもの衣食住のお世話が（周りから見たら）十分ではない子が滞在する中、「浦河にも里親がいた方がいいよね」と川村《かわむら》夫妻（精神科医・敏明《としあき》さん、和子《かずこ》さん）と一緒に研修を受けて里親として認定された。

向谷地さん夫婦に児童相談所から正式に里子として委託されたのは「吉めぐ」だけだった。他はみな、私的な滞在・預かりだ。寝泊まりしない子は除いても、結婚後、第一子が産まれる前にTさんの四人の子が毎日家に来て、第一子出生後あたりから昼夜預かり、同時にKさんの五人の子を預かり、病院を退職して三人の子を育てながらべてるの専従になったあと、Aさんの三人の子を預かり、Oさんの二人を預かり、後述の石川さんの子を預かってから、里親登録となった。

児童相談所の委託による公式の社会的養育でなくても、法律的に、親族ではない子を一ヶ月以上預かるときには、児童相談所に届けることになっている（児童福祉法）。法制度上だけでなく、感情的にも、責任、怪我をさせたときの対応など責任やリスクを考えて、現代では短時間でも他家の子どもを預かることはどんどん減って、何かあったら役所で公的な手続き（ファミリーサポート、保育園、ショートステイ、里親・乳児院・児童養護施設などの社会的養護）をするようになった。

べてるでは、私的な預け合い、助け合いが当たり前にあるようだ。

吉めぐ物語

向谷地悦子さんが書いた「『浦河べてるの家』のあゆみから」に経緯が詳しく書かれているが（向谷地 2014）、吉めぐが向谷地夫妻に委託されたのは中学校三年生、受験間際の二月に浦河町外から委託された。

向谷地さんの第二子、彩良《さら》さん（当時中一）が吉めぐに初めて会ったのは中学校だ。「転校生が来たけど、一緒に帰ってね」と教員に言われたそうだ。「ああ、うちにしばらくいる子なんだな」と彩良さんは思ったという。筆者には現在、高校生、中学生、小学生の子どもがいるが、もし自分が預かることになったら、事前に家族会議をして、子どもの了解を得て、子どもの不安を取り除いてと、万全の対策をして構えるだろう。きょうだいにとって負担のない年齢や性別を考えるかもしれない（例えば長子より年上でない同性）。外堀から埋めるその外

彩良さんの誕生日
写真左：愛さん、中央：悦子さん、
その右：吉めぐ、
右：彩良さん　（向谷地さん提供）

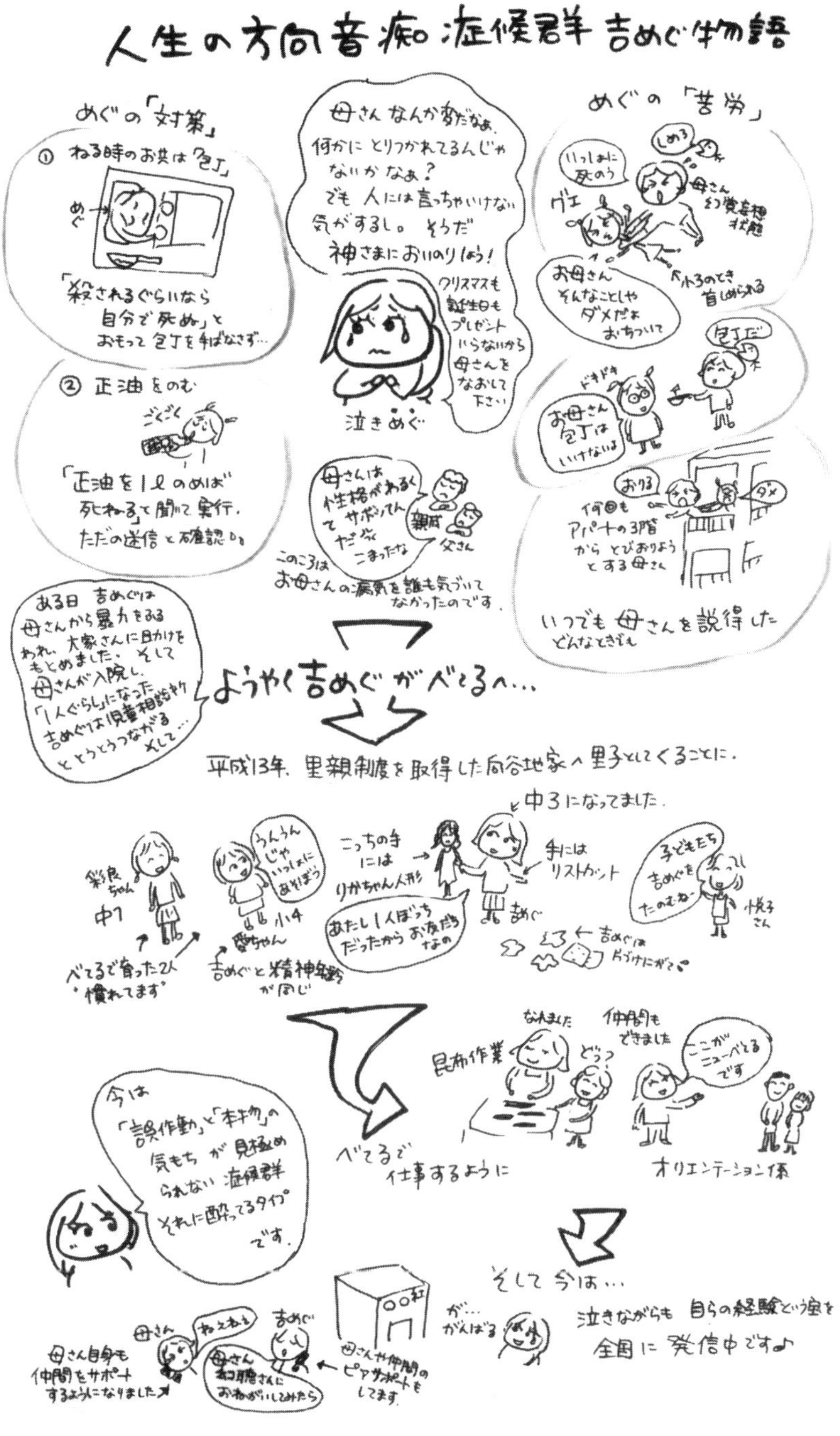
人生の方向音痴症候群 まめぐ物語
めぐの「対策」
① ねる時のお供は「包丁」
めぐ→
「殺されるぐらいなら自分で死ぬ」とおもって包丁を手ばなさず…
② 石油をのむ
ごくごく
「石油を1ℓのめば死ねる」て聞いて実行。ただの迷信と確認。
母さんなんか変だなぁ。何かにとりつかれてるんじゃないかなぁ？ でも人には言っちゃいけない気がするし。そうだ 神さまにおいのりしよう！
クリスマスも誕生日もプレゼントいらないから母さんをなおして下さい
泣きめぐ
母さんは性格がわるくてサボってんだな こまったな
親戚
父さん
このころはお母さんの病気を誰も気づいてなかったのです。
めぐの「苦労」
いっしょに死のう
しめる
グエ
母さん幻覚妄想状態
小3のとき首しめられる
お母さんそんなことしやダメだよ おちついて
包丁だ
ドキドキ
お母さん包丁はいけないよ
おりる
ダメ
何回もアパートの3階からとびおりようとする母さん
いつでも母さんを説得した どんなときでも
ある日まめぐは母さんから暴力をふるわれ、大家さんに助けをもとめました。そして母さんが入院し、「1人ぐらし」になったまめぐは児童相談所とつながる そして…
ようやくまめぐがべてるへ…
平成13年、里親制度を取得した向谷地家へ里子としてくることに。
彩良ちゃん 中1
うんうん じゃいっしょにあそぼう
愛ちゃん 小4
べてるで育った2人 "慣れてます"
まめぐと精神年齢が同じ
こっちの手にはりかちゃん人形
中3になってました。
手にはリストカット
あたし1人ぼっちだったからお友だちなの
めぐ
子どもたち まめぐをたのむね
悦子さん
まめぐは片づけにがて
なれました
仲間もできました
昆布作業
どう？
ここがニューべてるです
べてるで仕事するように
オリエンテーション係
今は「誤作動」と「本物」の気もちが見極められない症候群 それに酔ってるタイプです。
そして今は…
が…がんばる
泣きながらも自らの経験という宝を全国に発信中です♪
母さん
ねぇねぇ
まめぐ
母さん幻聴さんにおねがいしてみたら
母さん自身も仲間をサポートするようになりました
母さんや仲間のピアサポートもしてます

堀が果てしなく遠く高く、まるで牙城のようだ。家族への負担や「ケア」を考えて、疲労困憊してしまう。それが現代日本社会のありふれた家族の姿かもしれない。向谷地さんの家は、ふだんから人の出入りが多い、「家族」の境界線が引かれていない生活だったのだろう。

彩良さんは、吉めぐに会ったのは突然だったけれど、そこから時間をかけて関係を作っていったという。一般的なありようは、児童相談所が委託する里親やその家族に説明をして、同意を得て、児童相談所や施設での面会交流が始まり、様子をみて子どもが家庭を訪問し、外泊して、慣れたところで委託をする。数ヶ月かかることも少なくない。彩良さんは、吉めぐが他の人と話しているのを聞いたり、当事者研究で発表するのを聞いて、固まったり、泣いたり、リストカットしたりする理由や感情を理解した。一〇年、一五年たって、今は以前よりもっとよく話をするようになった。複数の関係性の網の中で、子ども同士もまたゆっくりと関係を作っていけるものだということがわかる。

石川さん親子の話

私たちがフォスターの撮影で浦河を訪問した時、石川貴洋《いしかわたかひろ》さん（通称石川父ちゃん）は、北海道・浦河町のべてるの家で、「カフェぶらぶら」（通称カフェぶら）のシェフをしていた。息子の一人の琢馬《たくま》くんは、浦河を離れ、同じくシェフをしていた。（執筆時は父ちゃんは新鮮組[1]、琢馬くんは調理の仕事をしている）

有名店のシェフだった父ちゃんは、駆け落ちして浦河に来た頃から、パチンコがやめられなくなり、小さな三人の子どもたちのミルク代もおむつ代もギャンブルに使ってしまったそうだ。子どもたちは、向谷地さん、川村さん、べてるを応援する牧師、宮島さんの家などでお世話になることもあった。話し合って、最初は一時的に向谷地さんの家で暮らし、次に川村さんの家で暮らすことになった。

川村さんの家の話

川村さん夫婦から生まれていないお子さんが、少なくともある程度の期間育てられることを前提に川村さんの家に来た初めて子は、「よっち」だった。

ある統合失調症の女性が妊娠をして、「応援ミーティング」が開かれたのだが、その席で女性は産みたいといった。賛成、賛成、それがいいと思う、と皆が言ったあと「で、誰が育てる？」との話に。参加者が「川村先生んちがいいべ」と発言したそうだ。川村先生の家には四人子どもがいて、「子育てに慣れているから」だ

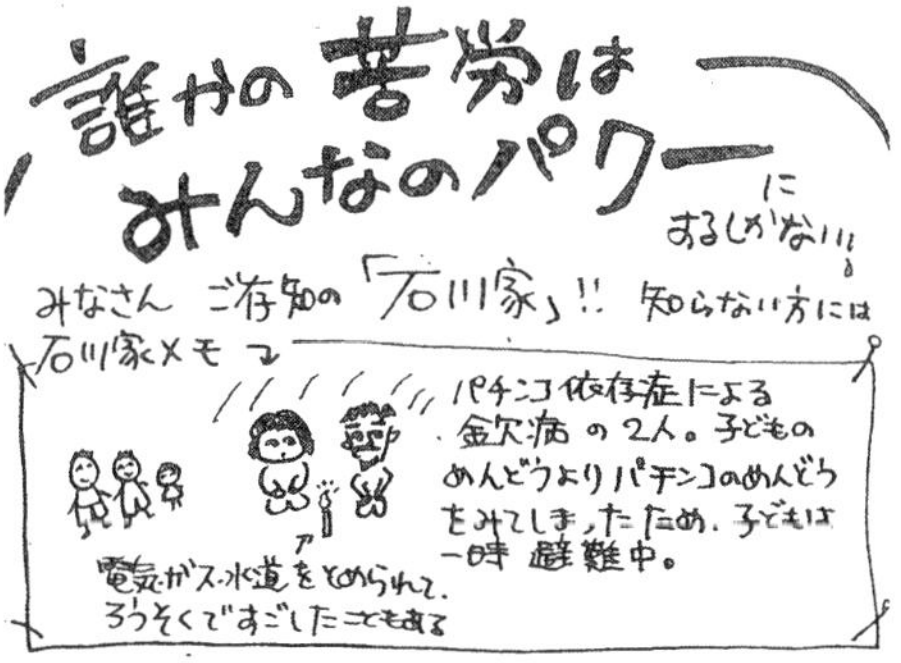

という。ソーシャルワーカーの生良さんが、その場にいなかった川村先生に、「先生のところで育てることになりました」とミーティングの結果を伝え、「あ、そうですか」と迎えたとか。名前は、べてるを応援してくれている人が名付け親になって、その人の名から一字、和子さんから一字とって、べてる大会で発表された。その六年後、川村夫妻は里親登録し（就学時まで制度を知らずに私的に預かっていたそうだ）、養子縁組してよっちは川村夫婦の養子になった。

里親登録した二年後にSくんを委託され（現在は中学生）、三年後に石川さんの三人の子どもを預かった。石川さんの子どもたちは、自分たちの意思で児童養護施設に行く子もいれば、そこから再び川村先生の家に戻る子もいれば、母親と暮らす子もいた。

行き来する子どもたち（と大人たち）

筆者たちがフォスター写真展を始めて最初の浦河訪問のさい、ちょうど琢馬くんが成人式出席のために帰省していた。川村先生のクリニックで筆者たちが話を聞いていたら、琢馬くんが成人の挨拶に来て、元里親子で写真を撮らせてもらった。そしてそのあと、成人式会場で、父ちゃんと親子の写真を撮らせてもらった（写真74、75）。

昔の写真を見ると（今もだが）、向谷地さんの家や川村さんの家の正月の写真には親戚のように父ちゃんが写っている。琢馬くんに「実家はどこだと思う？」と質問したら、川村先生の家だと答えた。が、よくよく尋ねてみると、「措置」として川村先生の家にいたのは数ヶ月で、そのあとは町内の児童養護施設に移ったそうだ。それでも川村先生の家が実家だという。実際、琢馬くんも、児童養護施設からしばしば帰っていたそうだ。

小さな頃のことを聞いてみると、和子さんが笑いながら、「運動会の時にはお弁当を作って、父ちゃんを迎えに行って、一緒に車で学校に行って、親子競技は父ちゃんが走ってね…」と話してくれた。

父ちゃんに、「子どもを預けたことをどう思う?」と聞いてみたら、「その方がいいと思った」「川村先生んちなら安心だべ」とのこと。後ろめたいと思ったことはない、ときっぱりと。べてるでも町内でも、預けていることはみんな知っていたし、自分で育てろという人はいなかったそうだ。父ちゃんは子どもとどう話せばいいかわからない時には、仲間と当事者研究をして、SST〈social skill training〉で練習したそうだ。「二人では無理だったので、みんなで子どもを育ててもらえた」と笑っている。琢馬くんには「パチンコはやめとけ」と言い、琢馬くんは「施設は誰とでも話せるようになっていい経験だった」と即答していた。

自己決定と共同養育——所有と所属

よっちはかわいくて仕方なかったと川村夫婦の子の一人、直子《なおこ》さんは語った。

琢馬くんとは年齢が離れていて、一緒に暮らしたことはないそうだ。琢馬くんが川村先生の家を実家と思っているそうですと伝えたら、「嬉しい!」と答えた。

これは非常に斬新だ。現在、ようやく焦点が当てられ始めた「里親家庭の実子」研究では、実子は、委託児（里子）が不安定になったり荒れたりしても、生育歴に困難を抱えているからと配慮したり、親をとられたように思わないように感情をコントロールしたりすることが明らかになってきた（例えば山本 2016）。実子にも特段のケアが必要、と言われている。実子がいる家には、養子縁組になる子を委託しないという考え方もある。相続のさいに親族から承認されない、血のつながりによって区別するのではないか等の懸念からだ。

直子さんは、そうした感情経験とは異なる経験をしているようだが、その一つの理由はおそらく、べてるの家の人びとの関係性が、支援－被支援で固定していないことにあるだろう。「預かる人」がすべてを預かり、「預ける人」がすべて世話になるのではない。先述のように、悦子さんは生良さんが預かってきた子どもの夕食を作っていたが、生まれた第一子の宣明《のりあき》さんの子守は、その預かってきたアルコール依存の親の子どもたちがしてくれて、仕事に行く時は教会の宮島夫妻にのりさんを預けていたそうだ。川村先生は、「愛《まな》（向谷地さんの第三子）の細胞の四割はうちのご飯でできている」と笑っていた。向谷地夫妻は、ソーシャルワーカーや看護師だから、里親だからと、預かって抱え込むのではなく、自分たちの子も他の人のお世話になっている。もっといえば、向谷地さんの「実子」たちは、「里子」のような経験さえしている。川村さんの家に帰り、そこで一晩を過ごし、和子さんに弁当を作ってもらって、その地区から遠足に行ったこともあったそうだ。「よその子」という感覚を味わいながら、事情を自分で説明したそうだ。学校で担任教員に「今日は川村先生の家に帰りなさい」と言われたこともあったという（学校に電話があったのだろう）。

べてるの家の実践では、子どもにも他の居場所や関係性があるから、親を取られたと思わないのだろう。親が子どもを所有しないのと同じように、子どもも親だけに帰属していない。排他的な所有、唯一の所属先という現代日本の家族のありようと対照的だ。

川村先生の子どもの一人で直子さんの兄、健太郎《けんたろう》さんは、よっちについて、「半分息子みたいなもの」と言った。よっちが来たとき、健太郎さんは中学生で、考えも知識もある年齢だった。「ママのことを忘れないように、一緒に寝るときに、あえて話題に出したりしていた」という。川村先生は、「健太郎がよっちが生みの親から離れることを一番慎重に考えていた」と語る。特別養子縁組をするときも、健太郎さんは「このままここで育つだけでは駄目か、Xさんと法律的に親子でなくなっていいのか」と考えたのだそうだ。

生良さんに、里親であることは書いたり話したりしてこなかったですね、あまり公にしなかったのですか？と尋ねたら、「里親だっけ？（笑）」と気が抜けるような返事だった。世間では里親が注目され、里親の存在が喧伝されているのに、私的預かりも、公的代替養育も、自身の子が他家で過ごすのも、一続きになっている。生良さんが宣明さんに、「私はあなたを育てた覚えはない」と告げて驚いたが、その真意は、私は大して育児をしていないのに、あなたはあちこちで育って自分で大きくなった、ということだそうだ。

自分たちの、他の人の、という境界を前提とすること自体、べてるは社会に問いかけている。向谷地夫婦の子の宣明さん、彩良さん、愛さんは、父母のことを「お父さん、お母さん」と呼び、宮島夫妻を「父さん、母さん」と呼んだそうだ。川村夫妻のことは「おじさん、おばさん」と呼んだそうなので、では川村先生の子は他の大人をなんと呼んだのだろうと思い、直子さんに尋ねたところ、吉村夫妻（向谷地家の隣に住んでいた子ども家庭支援センター職員）を「父ちゃん、母ちゃん」と呼んでいたとのこと。それに対し、愛さんが「そうそう、吉村さんは父ちゃん、母ちゃんだった！」と、どんどん父、母が増えていった。石川さんのことも、ニックネームのように、「石川父ちゃん」と呼んでいる。誰と誰の関係が「本来」のものであるかという区別さえ、意味をなさないかもしれない。誰でも父母、どこでも我が家である。

待合室で子育て　Oさん、居合わせたべてるスタッフや訪問者と（筆者撮影）

一方で、吉めぐは、父母と呼ばず、べてるの皆がそう呼ぶように、生良さん、悦子さん、川村先生、和子さん、宮島先生、と呼んでいる。児童相談所に委託されていた年齢だった時も、べてるのメンバーがそうするように、向谷地さんの家の隣のアパートで寝起きしていた。親子の関係性を強要しないで、吉めぐにちょうどいい関係を尊重している。(ちなみに生良さんが札幌で大学教員になって、今は子どもたちも離家したため、大きな家屋は使用せず、悦子さんも隣のアパートで寝起きしている。)

養育者の複数性

そうした複層的な関係性は、社会的養護にしないことを可能にする。

私たちが撮影で浦河を訪れた時も、Oさんが、乳児を連れて毎日朝から夕方まで川村先生の待合室ですごしていた。スタッフも待合室の方も慣れたもので、スタッフが乳児を風呂に入れ、待合室には、乳児の「ばあば(おばあちゃん)」がたくさんいるそうだ(世話役はうばーず。しかし「じいじ」は川村先生のみとのこと)。社会的養護にしなくても、いられる場所にいて、手を出せる人が手を出して、育てている。子どもが健やかに甘えるのを見ると、Oさんも川村夫妻も、診療所スタッフも、待合室のすべての人が、この乳児の安心、安全を守っていることがよくわかる。川村先生は、「誰もOさんに〝いい母親になれ〟というプレッシャーを与えない。関わる人は、してあげているんじゃない。お風呂に入れていいですかと言っている。子どもはめんこくて、身体にいい。Oさんにできないことがあるおかげで、最高の子育てができた。みんな、自分もこういう子育てがしたかったといっている」と話してくれた。

Oさんは、上の二人を向谷地さんに預けたことがある。悦子さんは、「浦河でも、二〇年前より、社会的資源が増えた」という。今はもう、預らなくても「待合室でみんなで子育て」することができる。

べてるの共助は、例えばステップファミリー（離婚再婚家庭）で「（産んだ人と育てた人と）どっちが本当のお母さん？」と母を一人に決めたがる日本社会をあぶり出している。しかしかつての日本社会には、お産の時に臍の緒を切った人が「取り上げ親」、初乳を飲ませた人が「乳つけ親」（産んだ本人は初乳を飲ませなかった）、儀礼で子どもを捨てる真似をして拾い上げた人が「拾い親」、名前をつけた人は「名付け親」と複数の親がいた。擬制親子と呼ばれる共同体のセーフティネットだ。現代でも、他国では、きょうだいが結婚しても家を出て行かず、子どもたちは親族上はいとこだが、兄弟姉妹の呼び名で育っている拡大家族の文化もある。

そう考えると、現在一般的におこなわれている孤独で苦しい子育てと、その器（箱）であろうとする家族の方が、特殊なのかもしれない。

ネットワークとしての家族

子どもに複数の居場所があったこと、一対の親子が排他的な所属・所有関係をもつのではないことを述べてきたが、浦河では大人も同様だ。向谷地愛さんが自宅に帰ると、べてるの当事者が家にいて鍵をかけて入れなかったり、誰かがくつろいでいることは日常茶飯事だったそうだ。筆者らが開催した浦河の里親家庭の子どもの立場から振り返る講演会（二〇一八年一一月一〇日開催）

では、演者席に向谷地家とともに、浦河べてるの家の伊藤さんが座り、当たり前のように家族の事柄を答えていたし、「ずっと同じ建物に暮らして家族みたいなものだ」と話していた。

　フォスター・プロジェクトをしていると、「何家族の写真を撮りましたか？」とよく聞かれる。しかし、うまく答えられない。確かに名字で考えると、石川さん家族と川村さん家族という二家族かもしれない。屋号のようなものだ。しかし、石川父ちゃんにとって、石川母ちゃんにとって、琢馬くんにとって、今回は偶然写っていないが、ほかのきょうだいにとって、川村先生、和了さん、子どもたち（直子さん、健太郎さん、ほかのきょうだい、よっち、ずっと一緒に暮らしている委託児のSくん）にとって、家族はどんな風に描けるだろうと考えると、ぐるっと円を書いて、誰から見てもこれが家族の境界だという線を引くことはできない。むしろ、点と点が線でつながって、ネットワークのようで、その線もまた時々で変化してアメーバのようだ。Ⅱ－4章の宇津さんもそうだろう。

　川村先生は「カタチを持った人たちからすると、僕たちは何やってんだかわからないだろうけどね」と笑う。

「措置」による分離

　琢馬くんに、子どもの頃に父ちゃん・母ちゃんの家から生活を移した時のことを聞いてみたら、父ちゃんに連れられて向谷地さんちに何度か来ていた、彩良さんと一緒に遊んだ記憶がある、とのことだった。向谷地さんの家で過ごして、そのあと児童相談所を通してと川村さんの家に里親委託という形になったあと、中学校に入るタイミングで町内の児童養護施設に移った。きょうだいみな同じ住まい先ではなく、施設から川村さんの家に戻ったきょうだいもいれば、石川母ちゃんのところに行ったきょうだいもいる。

Ⅲ－1章の齋藤益子さんだけでなく、そのほかの預けた人、児童相談所に子どもが保護された人の話を聞くと、児童相談所に子どもを渡し（あるいは連れて行かれ）、どこに行くかも教えてもらえず、一回離れたら連絡も取れず、子どもが帰ってきたとしてもお世話になった先にお礼を言うこともできない人がほとんどだった。

父ちゃんは自分で子どもを連れて行き、琢馬くんは父ちゃんの知っている人のところに行って向谷地さんの子どもと遊んだことからも、「今生の別れ」という感覚はなかったと思われる。児童相談所が保護するときは「親子分離」というが、父ちゃんと琢馬くんは、まったく分離されていない。法制度上は措置だが、人のつながりは分離しておらず、顔の見える信頼関係がある。それが浦河の実践だ。

精神障害の医療と福祉

親の精神障害・疾患と子どもの社会的養護は、精神障害・疾患がある人への親子・家庭支援、子どもや里親の視点から見た精神障害・疾患など、精神保健の分野と子どもの養育の分野が重なる領域だ。

それを論じるために、ここでは、第一に、精神障害者の結婚・出産・育児の社会的位置づけについて、第二に、親が精神障害で子どもが社会的養護である場合について、第三に、精神障害者の子育ての実践について述べる。なお、本書では、精神疾患は、医学的管理や介入(加療)が必要な状態を指すもの(mental disease)とし、平均的な精神状態からある程度はずれている精神障害(mental disorder)に含む。

精神障害者の結婚・出産・育児

まず、第一の精神障害者の結婚・出産・育児の社会的位置づけであるが、精神障害をもつ人が家族形成をすることに対し、社会的抑圧があったことは周知の事実だ。法制度化を伴ったのは、国民優生法(一九四〇年)、それを引き継いだ戦後の優生保護法だ(一九四八年法律第一五六号)。一九四八年に公布・施行された優生保護法は、「本人若しくは配偶者が遺伝性精神病質、遺伝性身体疾患若しくは遺伝性奇形型を有し、又は配偶者が精神病若しくは精神薄弱を有しているもの」「本人又は配偶者の四親等以内の血族関係にある者が、遺伝性精神病、遺伝性精神薄弱、遺伝性精神病質、遺伝性身体疾患又は遺伝性奇型を有しているもの」に対して、恒久的に生めなくする不妊手術や、妊娠した場合の人工妊娠中絶がおこなえるとした(未成年者、精神病者又は精神薄弱者は本人の同意不要)。一九五二年の厚生省通知では、遺伝性でなくても優生手術をおこなうことができるとした（厚生省発衛第一三三号）。「優生上の見地から不良な子孫の出生を防止」する不妊手術、強制不妊手術、人工妊娠中絶は、一九九六年の母体保護法改正時まで継続した。また、一九六六年の兵庫県から全国に展開された「不幸な子どもの生まれない運動」では、先天的障害のある胎児を発見するために羊水検査に県費が使用された。

出生抑制の根拠は二つあるだろう。一つは「不良な子孫の出生を防止」するという優生思想である。当初、優生保護法で「遺伝性」疾患が対象になったこと、「不幸な子どもの生まれない運動」で、高年齢妊婦、染色体のモザイク・転座の保因者、重篤な伴性遺伝病の保因者が対象になったことは、この「子孫の出生」に関わっている。[2] 現在の非侵襲的出生前遺伝学的検査（ＮＩＰＴ）や着床前検査（ＰＧＳ）の受検も同様だ。もう一つは、精神障害者（や彼らから生まれた子）に子が出生することの生活・経済的課題だ。つまり精神障害者やその子を世話をする人、扶養する人が大変だという理由である。家族を中心に、周辺の人に生活支援・介助が任されているために、それ以上の負担が難しいという根拠だ。月経の介助負担軽減を目的に子宮摘出や生殖器への放射線照射がされたことはその一例である（利光 2016）。精神障害者が経済的に脆弱であることや、親亡きあとの不安もまた、家族が精神障害者の子が出生することに反対する理由だろう。

精神障害がある親と子どもの社会的養護

第二の親が精神障害で子どもが社会的養護である場合については、入院が必要だったり、本人が生活困難で子どもの養育が十分にできない等で、子どもが社会的養護になることがある。第Ⅰ部図2で示したように、二〇一三年に子どもが社会的養護であった主な理由の一二・三%は『(父・母の)精神疾患等』だ。これは「虐待」(三七・九%)に次いで高い割合である(ただし「その他・不詳」が一四・九%)。ここにあげられたのは主要な理由で、他の理由(例えば離婚、虐待、経済的問題)の背景に精神疾患がある場合もあるだろう。

ここで課題になるのは、親に精神障害があった場合の社会の対応である。精神障害への先入観や排除があると、「養育困難(子育てができない)」と決めつけて、在宅支援を十分に検討せずに子どもを保護したり、子どもが親元に戻る(家庭復帰、再統合)可能性を想定しなかったり、親子が連絡を取り合ったり面会すること(面会交流)に消極的であったりしかねない。精神障害者が子をもつことを排除されたように、例え子をもったとしても、容易に親子が分離されることはないだろうか。

菅野(2017)の事例研究では、対象二施設の児童養護施設入所児童の三五・〇%が精神疾患の親をもっていた。その子どもたちの課題で多かったのは、感情表出が不得手、威圧的言動などの「社会性の問題」で、親との交流や一時帰宅によって親と同一化するために子どもへの悪影響も見られたという。実際に「悪影響」が生じるのかもしれないが、山村(2015)が指摘するように、日本の法制度では、子どもが障害児であれば支援が行えるのに、精神疾患を持つ親への支援は限られ、結局、児童福祉としては、子どもを親から分離するしかないのではないか。児童相談所、児童養護施設、里親などの措置権者や代替養育者が、精神障害について十分知らないことによって、親への対応や支援ができず、面会交流に戸惑いや不安もあるだろう。

精神障害者の家族形成、子育ての支援

しかし、第三に、現在、精神障害者の家族形成、子育ての支援について、精神保健分野からの研究や現場の支援実践が積み上がってきた（例えば、蔭山 2018）。

浦河では、子育てをする精神障害をもった親や、子育てに苦労している親を助けるために「子育て応援ミーティング（子育て支援検討会）」を開催している。当事者を応援するという姿勢である。もともと一九九九年からネットワークが始まったが、二〇〇一年に「浦河管内の虐待防止ネットワーク」として設立、二〇〇四年に児童福祉法改正により国が要保護児童対策地域協議会（要対協：子どもを守る地域ネットワーク）の設置を指示してからは、要対協として開催している（伊藤 2013）。ソーシャルワーカー、町、支庁、当事者、当事者の家族、保健センター、子ども家庭支援センター、児童養護施設、教育委員会、医療施設、児童相談所、べてるの家など関係機関が定期的に集まっている。

必要に応じて出席者の入れ替えがあるだろうが、筆者が同意を得て見学させてもらった子育て応援ミーティングでは、親本人、べてるの家の担当ソーシャルワーカー、べてるの家のデイケア担当者、浦河赤十字担当科、訪問看護師、児童相談所、町教育委員会、精神科診療所医師、べて

るの家関係者、町保健師が出席していた。生活課題が小さい場合も定期的に会合を開いて、本人を含む関係者が一同に会していることが、連帯感のあるよいコミュニケーションを生むように思われた。

また、浦河で子育てをする当事者の子育て応援ネットワーク「あじさいクラブ」は、子育ての困りごとを相談したり、当事者研究をしたり、ＳＳＴをしている。浦河べてるの家の当事者ではなくても参加することができる。

池袋で、精神障害やホームレスの共同住宅、事業所、当事者研究をおこなっている「べてぶくろ」でも、「もみじクラブ」という名称で、同じように、子育てしている親の会や当事者研究をしてきた。

浦河、あるいはべてるの家の根幹にあるのは、本人が決める、本人と決めるという方針だ（べてるのフレーズでは、「苦労を取り戻す」など）。専門家がパターナリスティックに判断、決定するのではなく、専門家、非専門家、当事者が応援ミーティングを開いている。この当事者を中心にしたフラットなミーティングプロセスを通じて課題を抽出したり、社会的資源を確認したり、支援方針を決定するのは、近年、世界的に「ファミリー・グループ・カンファレンス」として定着している方法と理念を一にしているだろう（コノリー 2005, 林 2011）。ファミリー・グループ・カンファレンスは、ニュージーランドの先住民族の問題解決方法をソーシャルワークに拡大した、当事者や家族、関係者を中心に、ソーシャルワーカーが準備や会議のファシリテートをして、当事者の課題、意思、社会的資源を明らかにしながら方針を決定したり、方針の進捗を見直したりする方法で、世界的に拡大している（第Ⅴ部で詳述する）。

三点目の精神障害者の家族形成として、精神障害の親をもつ子どもの立場からも研究や実践が積み上げられつつあることを補足しておきたい（例えば、横山・蔭山 2017）。サイト「子ども情報ステーション」は、「精神障がいやこころの不調、発達凸凹をかかえた親とその〝子ども〟の情報&応援サイト」で、親、子、親子それぞれへの情報や社会的資源、各地のピアグループの集まりなどの情報が得られる。

障害と社会的養護の重なり

障害と社会的養護には重なりがある。

一つに、親に障害や疾患があって、子どもが社会的養護になること。これは、支援があれば育てられることもある。

二つに、社会的養護の子どもに、障害があること。社会的養護の子どもに障がいがある場合の背景は、障害があって、親が育てられないこともあれば、虐待の結果として発達障害、精神障害、身体障害をもつこともある。前者の場合は、支援があれば育てられることもある。

三つに、社会的養護など託される育て親に障害があること。里親や養親になりたい人に障害があるとき、どのように適格性を判断すればよいだろうか[3]。管見では、里親の場合、例えばうつ病の経歴があっても、養育に問題がなければ委託するという。年齢も65歳を超える高齢者でも、可能な委託をしている。独身の場合は身近に養育を助ける人がいるかを確認するから、一人で完璧に養育することを念頭に置いていないと言えるかもしれない。養親の場合、管見では身体に障害がある人への委託の例がある。社会的に、養親、里親の適格性はどう線引きすればよいだろうか。

フォスター的にみたべてると共助

べてるをフォスターという視点から見ると、町内に子育てをサポートする人、サポート以上に代替といえるほど担える人がいるという特長は、先に述べた通りだ。周囲に支援者がいない一般的な育児環境では、育児の自助ができなければ、保育所や社会的養護などの公助になる（あるいは市場で保育サービスを購入する）。しかし浦河では、自助と公助の間の共助があり、緩やかに子育て・子育ちが重なり合っている。

複数の養育者がいるから、精神障害があっても子育てできていることもあるし、社会的養護になっても、子どもに関わることができている。さらに言えば、緩やかに子育て・子育ちが重なり合うのは、障害がなくても同様だ。向谷地夫妻に生まれた子どもは、あちこちの家庭で我が家のように過ごし、我が家には（精神障害の人を含め）いろいろな大人がいて、子どもに関わっていた。

そもそも、障害があってもなくても、開かれていないと子育てはしんどい、開かれていたらなんとかできる、ということにべてるは気づかせてくれるのではないだろうか。生良さんは、「親がいても子は育つ」という。「こんな」親がいても子は育つということだ。従来言われる「親がなくても子は育つ」の背後には、親がいればいいという前提があるが、親はいいものとは限らない。人間だから、負の存在にもなり得る。だがいろいろな人が手を出せば、親がいても子は育つのだ。べてるは我々の親子観に大きな示唆を与えてくれる。

イラスト：鈴木裕子（べてる通信「ぱぴぷぺぽ」より）

■注

1　浦河町内のゴミ回収・分別作業・処分、清掃、リサイクル、引っ越し、クリーニング、草刈り、雪かき、農業、水産加工、製麺、物販作業などを行っている。制度上は就労移行継続B型。カフェぶらぶらは、多機能型事業所の就労の場という位置づけである。

2　例えば、静岡県の「不幸な子どもの生まれない運動」では、「単なる精神薄弱」は、羊水検査の適応にならないとされた（土屋 2007）。

3　厚生労働省令（第一二五号）第一〇条において、養親希望者からあっせんの申込があったときに、希望者と同居人の健康状態を確認することになっている。「確認」の意図する内容については定められていない。里親については、定義は児童福祉法に定められて、委託ガイドラインや運営指針は国が示しているが、認定と認定基準は都道府県がおこなう。例えば東京都では基本要件の第一項が「心身ともに健全であること」だが、「児童の養育に必要な「健全」さであり、障害や疾病を有していても、児童の養育に差し支えがなければ、この要件を満たす」と注釈がある。

■参考引用文献

向谷地悦子 2014「『浦河べてるの家』のあゆみから」富坂キリスト教センター編、『行き詰まりの先のあるもの――ディアコニアの現場から』いのちのことば社

林浩康編著 2011『ファミリーグループ・カンファレンス入門――子ども虐待における「家族」が主役の支援』明石書店

伊藤恵理子 2013「子育て支援と浦河管内子どもの虐待防止――ネットワークの取り組みから」『コミュニティ支援、べてる式。』向谷地生良・小林茂編著、金剛出版

藤山正子 2018『メンタルヘルス不調のある親への育児支援――保健福祉専門職の支援技術と当事者・家族の語りに学ぶ』明石書店

コノリー、マリー他 2005『ファミリー・グループ・カンファレンス――子ども家庭ソーシャルワーク実践の新たなモデル』高橋重宏訳、有斐閣

菅野恵 2017「児童養護施設入所児童における精神疾患の親から受ける心理的影響――自由記述データの分析を通して」和光大学現代人間学部紀要 10: 103-112
土屋敦 2007「「不幸な子どもの生まれない運動」と羊水検査の歴史的受容過程」『生命倫理』17（1）: 190-197
利光恵子 2016『戦後日本における女性障害者への強制的な不妊手術』松原洋子監修、立命館大学生存学研究センター
うらかわエマオ診療所、理事長挨拶（http://u-emao.jp/ 二〇一八年九月取得）
山本真知子 2016「里親・ファミリーホームの養育者の実子への支援――ピア・サポートの支援に向けて」『人間関係学研究：大妻女子大学人間関係学部紀要』18: 27-37
山村りつ 2015「児童養護施設で暮らす子どもたちと親のメンタルヘルス・イシュー」公開セミナー「子どもの貧困／不利／困難を考える」資料
横山恵子・蔭山正子編著 2017『精神障がいのある親に育てられた子どもの語り――困難の理解とリカバリーへの支援』明石書店
優生手術に対する謝罪を求める会編 2018『優生保護法が犯した罪――子どもをもつことを奪われた人々の証言（増補新装版）』現代書館

V　育つ・育てるのこれから

生みの親への支援

日本も批准している国連の子どもの権利条約では、第七条で「児童はできる限りその父母を知りかつその父母によって養育される権利を有する」とある。生みの親が育てられない時の代替的養育において望ましいのは、養子縁組、里親などの家庭養育で、施設は必要な場合に限るとされている。

本書は「フォスター」という、いわゆる代替的養育に焦点が当たっているが、生みの親がどのように関わっているか、預けたことがある親が今どのように家族で暮らしているか、と一続きだった。重要なのは、代替的養育が検討されるさいには、生みの親から離れなくてすむように努力、生みの親がふたたび育てられるようにする努力が伴う必要があることだ。ここでいう努力は、社会の努力である。

キンシップケア

イギリスを訪問調査したことがあるが、生みの親の養育が難しいときや危機的妊娠の相談支援でまず検討されるのは養子縁組ではなく、キンシップケア（親族や関係者による生みの親との共同養育ないし生みの親にかわる代替的養育）だった。家族、親族、コミュニティでの養育優先の原則から、世界的にはまずキンシップケアが選択され、次にフォスターケアが選択される（渡邊 2008）。

ひとり親で育てられる支援とあいまって、養子縁組数は年々減少している。生みの親の自由意思による養子縁組はほとんどなく、大半が、社会的養護が長期化している子どもに対するパーマネンシーの観点からの裁判所の養子縁組命令だ。

公式のキンシップケア（裁判所の介入や措置、社会福祉士による相談支援とチェック、公費による養育者への手当がある）と、非公式の私的なキンシップケアが養育困難事例対応の主流になっている。キンシップケアは、生みの親が同居したり行き来したりする場合もあれば、別居していることもある（特に公式で手当てがある場合には）。養育者が後見人となって親権者（生みの親）よりも強い権限を持つこともあれば、生みの親が子どもにネガティブな影響を与える場合は同居や接触が制限されることもある。社会福祉士によるチェックで状況が子どもに望ましくないと判断されたら社会的養護として里親等に措置されることもあり、様々な仕組みがある。

日本では親や親族による扶養義務は民法で規定されているが、この扶養義務ゆえに支援がおこなわれにくい[1]（白井 2018）。例えば親族里親は、経済的に困窮して扶養義務を果たせない場合にのみ適用されることが原則だ。[2] 具体的には、親が育てられないだけでなく、親族も所得が低いために児童養護施設等に入所させざるを得ないが、経済的手当さえあれば親族が養育できる場合に、親族里親に認定されて、子どもへの生活費の手当が支給される。日本では親族里親は社会的養護の一％に過ぎず、十分に活用されていない。一時保護施設、婦人保護施設、宿所等提供施設、母子生活支援施設などの施設利用においても、まず親族による保護を検討するのが原則になっている。親族に扶養義務があるため、公的資源が使われにくい。親族の扶養義務を理由に支援に及び腰になり、養育力がないときにはキンシップケアを飛び越して社会的養護として保護するのではなく（しかも施設養護が八割である）、まず父母が養育できる支援、親族等による共同養育の支援が検討されてよいのではないか。親族による養育を扶養義務として何の支援も支援せず、親族に抱え込ませるのではなく、親族里親として「見える化」して、中途養育に関する研修、虐待・不適切親との関係性のアセスメントや計画の立案、注意点の共有をすることが望ましい。

重ねて強調したいのは、どの母子にとっても、生みの親があるいは周囲と共同で（あるいは周囲が代替的に）養育することが、他の選択肢よりも優れている、あるいはそうすべきだと論じているのではない。すべての選択肢に関する情報を入手できることと、養育も「選択肢に入れられる」環境整備がともに必要なのである。

自己決定

ここで選択する主体は、生み育てる当人である。Ⅳ－２章で「よっち」をめぐるエピソードを紹介した。川村医師が「先生のところで育てることになりました」と報告されて、のちに養子縁組することになった彼だ。「よっち」を生んだ統合失調症の女性は、一人で育てることが難しい状態だったし、疾病のプロセスからすると、かつての不妊手術や人工妊娠中絶のように、半ば強制的に生まないことを強いたり誘導することもあるかもしれない。しかし浦河の応援ミーティングでは、本人の自己決定を応援し、それを可能にする方策を検討している。

近代社会は専門職化、専門家支配の社会だと説明、批判されてきた（イリイチ 1978＝1984、フリードソン 1970＝1992）。消費者主義になって、インフォームド・コンセントが求められるようになったが、それは自己決定というより、「（専門家による）説明と（非専門家である当人の）同意」である。

ファミリー・グループ・カンファレンス

専門職に委譲するのではなく、主体的・自律的に解決する方法として注目されているのが、ファミリー・グループ・カンファレンス（以下ＦＧＣ）である（白井 2018）。ＦＧＣは、「従来の専門職が中心となった意思決定、あるいは受動的な家族のケース会議への出席と違い、家族が意思決定に積極的にかかわり、家族が中心となって話し合い養育計画を作成する。子どもの養育責任は主として家族にあり、児童保護機関がパートナーとして家族を支えながら家族が意思決定に積極的に参画することで家族はエンパワーされ、子どもの養育責任の自覚を促すことができるという考え方に基づいている」（林 2007: 17）。子どもや青年のケアや保護、犯罪の処遇について、家族だけでなく、関係者（親族、学校や病院、コミュニティの人など）、行政（ソーシャルワーカーや警察など）が一同に会して話し合い、決定する。子ども自身の参加、家族・親族・コミュニティなど子どもの一次集団のインフォーマルな資源の活用と開発、当事者たちが自律的・自主的に解決策を話し合うこと、会議という形で関係者が一同に出席して議論と結果を共有すること、懲罰ではなく解決に主眼を置くこと、会議の結果に公的位置づけが与えられること、などが特徴である（コノリー 2005, 林 2011）。ＦＧＣは一九八九年にニュージーランドで正式に法制化され、親子の分離を伴う決定の場合は必ず開催しなければならない決まりになっている（大竹 2010）。コーディネーターはＦＧＣの事前準備に多くの時間を割き、当日参加するメンバーに会って情報を収集し、意義と目的を確認し、ＦＧＣのプロセスを管理する。ソーシャルワーカーはＦＧＣへの提案をしたり、プランへの同意・不同意をすることができる。またＦＧＣの結果が実施されているか確認をする。ＦＧＣで合意に至らなければ合議は裁判所にもちこまれる。

ＦＧＣの結果、社会的養護や司法の介入が結論付けられることもあるが、まず第一に、社会的資源を洗い出し、再構築して、コミュニティでの養育の継続を目指している。しかし、今現在の日本において、ファミリー・グループ・カンファレンスは、養子縁組相談を受けた民間機関が多忙な時間を縫って、できる限りおこなっているのみで、家族関係調整は公式の業務には十分位置づけられていない。

日本以外の多くの欧米、アジア諸国では、社会的養護におけるキンシップケア（ファミリーケア）の割合が高く、子どもの措置変更が少ない結果に結びついている（林 2010）。イギリスにはソーシャルワークと協同したファミリー・グループ・カンファレンスによって、フォスターケアからキンシップケアに戻せるよう、フォスターケアから裁判所の命令で養子縁組にならないよう、「家族の権利（Family Rights）」擁護活動をしている Family Rights Group というＮＧＯ団体も存在する(白井 2017a)。生みの親の権利と責任ではなく家族の権利と責任という考え方が表れている。それによって、養育が難しい生みの親、親族、コミュニティが、地域社会、司法や福祉の専門家や行政も関わりながら、「チーム養育」をすることができ、どの子どもも守られ、育まれる社会を構築することができるだろう。

シングルマザーの就学支援

かつてのアメリカでは、未婚女性が妊娠すると養子に出す割合が高く、本人の意思が尋ねられることなく妊婦の親が段取りをしてキリスト教系の施設に移され、出産して養子に出されることが多かった(イギリスも同様である)(白井 2017a, 2017b)。一九七三年には未婚女性の妊娠の八・七%が養子にしたという(未婚白人女性ではさらに割合が高く一九・三%)(Chandra, Abma, Maza & Bachrah 1999)。約二〇年後の一九九五年には〇・九%に低下した(未婚白人女性では一・七%)。

未婚若年出産は回避されるべきものとされ、現在も一〇代妊娠を抑制するキャンペーンが続けられている(The National Campaign to Prevent Teen Pregnancy)。一方で、アメリカは先進国で最も若年出産の割合が高い。地域でみるとアメリカ南部、エスニックではラテン系が最も高く、次いでアフリカ系、アメリカンインディアンである。こうした地域、エスニックでは自ら(あるいは親と)育てる傾向にあり、「よりよい家庭環境にする」施策がとられるようになった。

筆者がフィールドにしているコロラド州でも、若年出産の予防キャンペーンと並行して、出産した場合は積極的に支援する施策がとられ、事業が両輪で進んでいる。筆者が訪問したボルダー地域では一〇代の健全なペアレンティング（子育て）のための「GENESIS（起源）Program」が一九八九年から始まり、一〇代で妊娠した女性を対象に、妊娠期から子どもが三歳まで、以下のような内容が提供されている。

両輪の事業の結果、コロラド州では一九九一年から二〇一〇年の間に一〇代妊娠が四〇％低下し、ボルダー地域では五〇％低下した。一五～一九歳の妊娠中絶率は二〇〇九年から二〇一三年の間に四二％低下し、二〇～二四歳では一八％低下した。GENESISは次の妊娠に確実に影響を与えているという。若年出産は学歴の低下を招きがちで、それは犯罪、貧困などの公衆衛生や行動リスクを伴うがGENESISは高校卒業をサポートしている。国では一〇代母の高卒率は三八％だが、GENESISでは八五％が就学または就労訓練を受けているか就労している。うつ予防など精神衛生サービスもおこなっている。

ボルダー地域にあるフローレンス・クリッテントン・サービスは、妊娠・育児に携わる一〇代母、その子ども、その家族の教育機会、幼児教育、学校でのヘルスケアなど包括的な支援を提供するもので、一〇代妊

表１　アメリカ合衆国コロラド州ボルダー地域のGENESIS Programの内容

妊婦健診の交通手段確保	カウンセリングやサポート
学校あるいはＧＥＤ（高校卒業認定）への復学	妊娠や子育てに関する教育
職業訓練	家族計画の支援
出産準備クラス	地域社会の資源の紹介とつなぎ
マタニティ服や子ども服、子ども用品	

出典：白井 2017b

婦・母が通学する公立フローレンス・クリッテントン高校のほか、乳幼児の教育施設（託児施設）、高校内のクリニック（保健センター）、家族支援やカウンセリングのセンターの運営をおこなっている。これらの包括的なサービスの目的は、高校の退学を防ぎ、高校を卒業して進学や就学して経済的に自立し、心身の健康も高めること、一〇代妊婦・母のトラウマ認知モデル等を用いたカウンセリングやセラピー、家族支援により心身ともに健康な親になること、子どもに認知、社会的感情、身体の発達を重視した教育を与えること（単なる託児ではない）、親も子も健全な関係性を高めること、栄養・健康教育（妊娠出産クラスや家族計画等）、ヘルスセンターでの妊婦健診や乳児健診、予防接種等により、ウェルビーングを向上すること、地域資源を活用して就労機会をもつこと、である。

クリッテントン高校の定員は二五〇名、全員妊婦か母親で、子ども教育センター（託児施設）を併設している。学期は四期制で、妊娠がわかったら年度の途中でも転校して単位を取得しやすい体制になっている。産前産後に通学できない期間はチューターが自宅訪問するほか、スクールバスが通学生を送迎して学業を支援している。写真に示したように、授業として出産準備教室がおこなわれ、出産への肯定的感情を促している。高校には保健センター（クリニック）が併設され、妊婦健診、乳幼児健診・予防接種等で学校を欠席する必要がない。筆者が訪問した時にはクリニックの看護師は当校を卒業後に看護師資格を得た元一〇代母で、メンター、人生モデルの役割も担っていた。また、不適切な子育て（マルトリートメント）を受けてきた生徒もいることから、アートセラピーとして自画像を描いたり、家族を果物や木に見立てて描いたりして、自己の成育や環境を整理して子育てに向かう支援をしている（写真右上）。

生徒は皆同じ立場であるため、全員そろって卒業することを目指して連帯感が強い。卒業達成の奨励として出席するとポイントがつき、ポイントを集めると写真左下に示したような乳幼児用品が得られる。この用品や就職支援で提供されるスーツやアクセサリーはすべて地域社会からの寄付で、企業からの寄付品も多い。社会全体が一〇代母を応援している実感が得られるだろう。生徒の三分の二はシングルマザーであるため、下校後にアルバイトをおこなっている学生も多いが、そのさいにはスクールバスで培われた近所の学生同士の関係で子どもを預けあったりすることもあるそうだ。下段中央の写真のように、託児中の乳児はスタッフに抱かれて昼寝しているが、これは抱かれることが心地よいと慣れ親しむための愛着形成でもある。こう

フローレンス・クリッテントン高校と併設のサービス
左上から順に出産準備教室、右に高校に併設された保健センター（クリニック）、アートセラピー。左下から順に出席ポイントでプレゼントされる地域社会からの寄付による乳幼児用品、右に〇歳児保育室、母乳タイミングを知らせるブザー（筆者撮影　白井 2017b）

した試みは、ただ子どもを預かる託児ではなく「教育センター」という名称にも表れている。また授業中にブザーが鳴ると（写真右下）、授業を一時退席して授乳することもできる。すべて健全な親子関係形成の支援となっている。

代替養育、共同養育、ネットワークとしての家族

シングルマザー支援などのひとり親支援、子育て支援では子育てが難しかったり、キンシップケアも難しい場合は、代替養育の出番になる。すでに見たように、日本ではⅡ－1章の齋藤さんのように、預ける人と里親の交流がないことの方が多い。養子縁組も、氏名等の記録はあるものの交流することは多くないだろう。

そうした中で、Ⅳ－2章の石川さん親子のありようは、私たちに考えるきっかけを与えてくれる。石川父ちゃんが子どもたちを向谷地さんの家に連れてきて、子どもたちは向谷地さんの子どもと遊んだ。その後、医師宅に児童相談所の里親制度、つまり公的福祉として委託されたのだが、琢馬君の場合は数ヶ月で児童養護施設に措置変更になった。しかし、里親宅にはしばしば滞在したり、石川父ちゃんとの付き合いも続いている。つまり、公的福祉（誰が監護権をもっているか、誰が措置費・生活費を受け取っているか等）とは関わりなく、生みの親と子ども、里親と子ども、里親と生みの親の関係が継続している。子どもを児童相談所が「保護」して親権を代行し、施設や里親に委託することはしばしば「親子分離」と呼ばれるが、公的福祉に関わりなく、誰も分離され

ていない。それぞれが関係性を持っており、「集団としての家族の境界」を描くことが難しい。家族はネットワークとして存在しているといえる（吉田ほか 2005）。

それは複数の居場所を持つということでもある。向谷地さんの子どもたちは、「細胞の四割はうちのご飯でできている」と言われたほど、川村医師宅で食事をして、そこの子どもたちと過ごした。向谷地さんや川村先生の正月の夕食写真には石川父ちゃんも写っているし、向谷地さんの家には、アルコール依存症の人から預かった子どもだけではなく、依存症や統合失調症の大人も我が家のように過ごしていた。婚縁・血縁がある人びとの中に、そのどちらの縁もない人がいるが、それは非姻族・血族を「包摂する」のではなく、姻族・血族もまた、外の誰かとつながり、外の誰かの家にいる。親も子も、ある一つの所属先があり、互いを排他的に所有しておらず、誰もが複数の親や子をもち、複数の居場所がある。そういったネットワークを形成している。

そういう場所では、まずもって生みの親に育てられるべきだ、次に代替養育があるべきだ、という優先順位さえ、無化するのではないだろうか。

ここでは浦河を事例に書いたが、様々なありようがある。キンシップケアや里親だけでなく、家事育児援助や生活支援の形で家庭に補助者が入る形もあるし[3]、ファミリーサポートのように地域の公式の預け合いもある。

育つ・育てるの支援

子どもへの支援はこれまで親・世帯への子育て支援によって子どもも支援されるという間接的な支援になりがちだったが、子ども本人への「育つ」支援もある。例えば、NPO法人ぷるすあるはは、精神障がいやこころの不調、発達障がいをかかえた親とその子どもを応援する法人だ[4]。全国各地に精神障害や心の不調をもつ親の会や、子どもの会もある。

社会的養護、代替養育をおこなう支援者の支援も近年広がりを見せている。国の予算で里親支援専門相談員が施設に配置されて、里親支援をおこなっている。里親のための養育プログラムであるフォスタリングチェンジ(パレットほか2013,バックマンほか2017)や、里親のネットワークのハブを作り里親を支援するモッキンバード・ファミリー[5]の導入もある。

社会福祉法人麦の子会(北海道札幌市)は、障害のある子どもの通園施設としてスタートし、児童発達支援センターが柱になっているが、通園施設や、放課後等デイサービスなどの通所、預かり(日中一時支援事業)だけでなく、療法や指導を含む個別指導(言語聴覚士、音楽療法士、作業療法士、心理士による)、発達支援、発達クリニックの開設など、その子どもの育ちを助ける支援をおこなっている。居宅介護事業などの生活支援(ヘルパー)、移動支援事業、親の学習会、グループカウンセリング、個別カウンセリング、自助グループ、親子通園などの子育て支援もある。障害がある成人の支援としては、生活介護事業、就労移行支援事業、カフェや店舗での製造販売事業を行なっている。ショートステイ、ファミリーホームの開設や里親の配置など、社会的養護にまで広がる複合体になっている。

筆者が訪問したさいには、例えば次のようなケースがあった。Aさんは、自身の子どもに発達障害があって、かつて麦の子に通園していた元利用者だ。いま子どもは成人して、自宅から自立、離家をしてグループホームで暮らしている。Aさんは麦の子会の職員になり、障害がある子の子育て経験者として助けている。通園している子で親が子育てが厳しい時には預かれるように、里親にもなった。麦の子会での勤務が終わると、委託児を連れて帰る。委託児の通園施設の担任は、職員で里親仲間でもあるBさんだ。日中の様子や、家庭での様子、あるいは心配や方針について、情報共有することができる。委託児はもともと母子通園していたので、親のことはすでによく知っている。親子の様子をみながら、親子通園や親子カウンセリングも可能だ。子どもが自宅に帰ったあとも、ショートステイを使用しながら支えることになるかもしれない。

このケースからわかるのは、里親委託という社会的養護は、子どもの育ちを皆で支えるために時に有用な一つの選択肢だということだ。

このように、育てる支援、育つ支援を整理していくと、フォスターが浮き彫りにしたいのは、どれほど代替養育、社会的養護が素晴らしいか、いかにこれを増やすかということではなく、どれほど人は助け合いながら共同養育ができるか、自助、共助、公助の複層的なありようが可能か、人が生きるプロセスで、預けたり預けられたりと役割が変化しうるか、ということだとわかる。皆で子どもを育てる、そのありようの一つが代替養育、社会的養護なのである。

■注

1 「親族ケアの制度化が家族のオートノミーへの侵害」になるという躊躇（林 2010）も一因だろう。

2 厚生労働省「里親委託ガイドライン」（2011）中に「親族に養育を委ねた場合に、その親族が経済的に生活が困窮するなど結果として施設措置を余儀なくされる場合には、親族里親の制度を利用し、一般生活費等を支給して、親族により養育できるようにする」とある。

3 例えば、東京にあるＮＰＯ法人バディチームは、一般家庭や養育困難家庭への家事育児援助、ホームヘルプをおこなっている（http://buddy-team.com/）。後述の障害児養育支援について、北海道にある社会福祉法人麦の子会は、家族支援、きょうだい支援として、ホームヘルプ（居宅介護事業）事業を運営している。

4 https://pulusualuha.or.jp/

5 日本の組織は、モッキンバード・ファミリー・ジャパン　https://mockingbirdfamilyjapan.org/

■参考引用文献

バックマン・カレンほか 2017『フォスタリングチェンジ 子どもとの関係を改善し問題行動に対応する里親トレーニングプログラム（ファシリテーターマニュアル）』上鹿渡和宏ほか監訳、福村出版

Chandra A, Abma J, Maza P, Bachrach C 1999 Adoption, adoption seeking, and relinquishment for adoption in the United States, Advance data from vital and health statistics. Hyattsville, MD: National Center for Health Statistics, May 11;(306):1-16

フリードソン・エリオット 1992『医療と専門家支配』進藤雄三・宝月誠訳、恒星社厚生閣

林浩康 2007「子ども家庭福祉分野における家族支援のあり方に関する総合的研究」平成一八年度総括研究報告書、主任研究者 高橋重宏

林浩康編著 2010「諸外国における親族里親の評価と日本への示唆」日本社会福祉学会第五八回秋季大会

林浩康 2011『ファミリーグループ・カンファレンス入門——子ども虐待における「家族」が主役の支援』明石書店

イリイチ・イバン編著 1984『専門家時代の幻想』尾崎浩訳、新評論

コノリー、マリー他 2005『ファミリー・グループ・カンファレンス——子ども家庭ソーシャルワーク実践の新たなモデル』高橋重宏訳、有斐閣

パレット・クレアほか 2013『子どもの問題行動への理解と対応——里親のためのフォスタリングチェンジ・ハンドブック』上鹿渡和宏訳、福村出版

大川聡子 2008「若年父親・母親の社会的背景と支援のあり方——イギリスの事例を通して—」『大阪府立大学看護学部紀要』14（1）: 51-56

大川聡子 2009「一〇代の出産をめぐる家族の調整——アメリカ、イギリス、日本の社会構造の比較を通して」『立命館産業社會論集』45（1）: 207-228

大竹智 2010「ニュージーランドにおけるファミリー・グループ・カンファレンスの現状と課題――ソーシャルワーカーへのインタビューから」『実践女子短期大学紀要』31: 125-140
白井千晶 2017a「日本における妊娠葛藤・養育困難相談および養子縁組支援の現状と制度設計に関する研究」報告書（http://ir.lib.shizuoka.ac.jp/handle/10297/10013）
白井千晶 2017b「若年女性の危機的妊娠の相談・支援の現状について――日本、アメリカ、韓国調査から」『人文論集』68（1）: 1-20
白井千晶 2018「社会的養護と子どもの法的地位の脆弱性」『日本司法書士会連合会会報 THINK』116: 9-18
吉田あけみ・杉井潤子・山根真理 2005『ネットワークとしての家族』ミネルヴァ書房
渡邊守 2008「キンシップケア――親族などによる児童養護」『世界の児童と母性』69: 34-39

おわりに――アクション・リサーチ・プロジェクトとしてみたフォスター

筆者たちは「写真と言葉でつむぐ　フォスター」を「プロジェクト」と銘打っている。「はじめに」で述べたように、ヒアリングをし、撮影して、写真展を開催するというプロセスは、多くの参加者を巻き込んでいく。

子どもたちをはじめ、打診された人は、写ってもよいか、写りたいか、どのようにしたいか考え、話し合う。人にどう説明したいか自分の気持ちを整理する。写らない子どもにもカメラを預け、子どもからみた親や日常を写して参加してもらった。

児童相談所や自治体の所管課、親権者は、それを支えたいか考える。生みの親、親権者自らも写ってくれたり、話を聞かせてくれたりしたし、キックオフイベントでは関係者として児童相談所職員も家族と一緒に登壇した。写れないと措置権者に判断されたことに意見を表明した子どももいた。里親も筆者たちもそれを受け止める機会を持ち続けている。

写真展を開催しようとしてくれる人びとも、フォスター・プロジェクトの参加者だ。なぜ開催したいと思ったか、自らの幼少期や家族、年老いた親を思う気持ちを書いて、展示してくれたりした。

写真展に参加した子どもたちが、どうして参加を決めたか、写って展示を見てどうだったか、作文を書いてくれて、それをまた写真展に展示した。

積極的にトークイベントを開催し、写真を展示するだけでなく、筆者たちが来場者や聴衆に語ったり、ディスカッションをおこなった。被写体も登壇してもらい、彼らの話を楽しく聞いて発見もあった。

さらに、写真を見た来場者や聴衆からアンケートを集めた。それらは次の活動に影響を与えたり、紹介してアウトプットしたりした。サイトでメールや写真も募集している。

フォスターがプロジェクトであるのは、参加者が皆、当事者であり、自分事としてフォスターを経験し、その結果が波及してまた次の作用、次の当事者を生み出しているからだ。撮る-撮られる、見せる-見せられるという静的な関係ではなく、すべての人がエージェンシー(作用因)になりうる、相互作用的で、動的で予測不可能なプロジェクトである。

筆者はこれを学術的なアクション・リサーチと位置づけている。アクション・リサーチとは、研究者も一人の参加者、当事者として共同で取り組む実践的研究のことである。もちろん、市民活動であり、向谷地生良さんが実験だと言ったような実践、応用、臨床でもある。

例えば、イベントでのアンケートには次のような記載があった。

「子育てはひとりではしないことを改めて実感しました。親側、子ども側、両方聞けたことが目からうろこが沢山あった。各々の形があっていいと思い、では自分たちの形はどうしていこうかと考えさせられた。」

「私自身はわが子たちは保育園や学童仲間の親子とつながったが、私の母はおそらく最初とても孤独な子育てをしていたのだろうと思う。」

「『家族』『血縁』と言うものへの考え方が大きく変わりました。」

このように、来場者が考えたのは、自分自身の子育てや、自分自身が暮らす社会についてだった。フォスター・プロジェクトのプロセスを歩んできた筆者たちも同じである。他者に開かれていない閉じた子育て、責任を果たそうとする努力の子育てが浮き彫りになった。大人も子どもも幸せになりたいのに、窮屈にしているのは私たち自身ではないかと思い至る。フォスターは一部の人の事柄ではない。私たちの社会のあり方に一石を投じる、一人一人の自分事なのではないか。

フォスターはこれからも続きます。次のフォスターでお会いしましょう。

白井千晶

謝辞　ご参加下さったすべての皆さま、関係者の皆さま、写真展やトークイベントを開催して下さった方々、応援して下さった方々、本書を送り出して下さった生活書院の髙橋淳さんに感謝申し上げます。

フォスターの撮影、展示、本の出版に関わってくださったすべてのみなさま、本当にありがとうございました。写真展フォスターの特徴は見た後に「語りたくなる」ということかもしれません。展示に来てくださった方が、家族についてや、子どものころの話や、大切な人のことをぽつりぽつりと、語ってくださることがとても多かったです。この本を手にした人たちがフォスターとの出会いを通じて、また新たな語りが生まれることを願っています。

江連麻紀

執筆者略歴

白井千晶(しらい ちあき)
1970年生まれ
現在、静岡大学人文社会科学部社会学科教授。早稲田大学大学院文学研究科社会学専攻博士後期課程単位取得満期退学。専門は不妊・出産・子育てなどのリプロダクションの社会学。子どもや女性の福祉にも取り組む。早稲田大学非常勤講師、日本学術振興会特別研究員などを経て現職。全国養子縁組団体協議会代表理事、養子と里親を考える会理事。
主著に、『産み育てと助産の歴史：近代化の200年をふり返る』(編著、医学書院、2016年)、『不妊を語る：19人のライフヒストリー』(海鳴社、2012年)、『子育て支援　制度と現場』(共編著、新泉社、2009年)、『不妊と男性』(共著、青弓社、2004年)など。

江連麻紀(えづれ まき)
1980年生まれ
写真家。2000年、徳島文理大学短期大学部卒業。2010年、東京写真学園卒業。
妊娠や出産の撮影、精神障害等をかかえた当事者の地域活動拠点べてるの家の人びとの撮影、ダウン症のある人びとその家族、里親家庭、ファミリーホーム、養子縁組家族の撮影など。
主な写真展として、下記の個展がある。2013年6月19日～23日　いのちのかたり～お産からみたしあわせのかたち～(ギャラリーナナ)。2013年12月21日～22日　べてるの家の人々(東京大学)。2015年9月1日～6日 バースフォト3人展「ハジマリ」(カフェスロー)。2018年7月8日～8日　1本多い染色体に入っている幸せ ～ダウン症のある人たちと家族～(NPO法人横浜umiのいえ)。2018年6月2日～7月1日　写真と言葉でつむぐプロジェクト　フォスター(SUNDAY)。

フォスターホームページ　http://foster-photo.jp/
フォスター Facebook　http://www.facebook.com/foster.photo2017/
フォスターメールアドレス foster.photo2017@gmail.com

本書は静岡大学人文社会科学部の研究成果公開助成を受けています
(静岡大学人文社会科学部研究叢書 No.62)

フォスター
里親家庭・養子縁組家庭・ファミリーホームと社会的養育

発　行　　2019年2月25日　初版第1刷発行

著　者　　白井千晶
写　真　　江連麻紀
発行者　　髙橋　淳
発行所　　株式会社　生活書院
〒160-0008
東京都新宿区四谷三栄町6-5木原ビル303
Tel 03-3226-1203　Fax 03-3226-1204
振替 00170-0-649766
http://www.seikatsushoin.com
デザイン　糟谷一穂
印刷・製本　株式会社シナノ

ISBN 978-4-86500-092-4
定価は表紙に表示してあります。
乱丁・落丁本はお取り替えいたします。
Printed in Japan

本書のテキストデータを提供いたします

本書をご購入いただいた方のうち、視覚障害、肢体不自由などの理由で書字へのアクセスが困難な方に本書のテキストデータを提供いたします。希望される方は、以下の方法にしたがってお申し込みください。

◎ データの提供形式＝CD-R、フロッピーディスク、メールによるファイル添付(メールアドレスをお知らせください)。
◎ データの提供形式・お名前・ご住所を明記した用紙、返信用封筒、下の引換券(コピー不可)および200円切手(メールによるファイル添付をご希望の場合不要)を同封のうえ弊社までお送りください。
◉ 本書内容の複製は点訳・音訳データなど視覚障害の方のための利用に限り認めます。内容の改変や流用、転載、その他営利を目的とした利用はお断りします。
◎ あて先
〒160-0008
東京都新宿区四谷三栄町6-5木原ビル303
生活書院編集部　テキストデータ係

キリトリ線

【引換券】
フォスター

私的所有論［第２版］

立岩真也　文庫判並製　976 頁　本体 1800 円

この社会は、人の能力の差異に規定されて、受け取りと価値が決まる、そしてそれが「正しい」とされている社会である。そのことについて考えようということだ、もっと簡単に言えば、文句を言おうということだ 。立岩社会学の主著、待望の第２版！

生の技法［第３版］――家と施設を出て暮らす障害者の社会学

安積純子、岡原正幸、尾中文哉、立岩真也　文庫判並製　672 頁　本体 1200 円

家や施設を出て地域で暮らす重度全身性障害者の「自立生活」。その生のありよう、制度や施策との関係、「介助」の見取り図などを描きだして、運動と理論形成に大きな影響を与え続けてきた記念碑的著作。旧版 (増補改訂版) から 17 年を経て、新たに２つの章を加えた待望の第３版が文庫版で刊行！

アシュリー事件――メディカル・コントロールと新・優生思想の時代

児玉真美　四六判並製　272 頁　本体 2300 円

2004 年、アメリカの６歳になる重症重複障害の女の子に、両親の希望である医療介入が行われた―― 1、ホルモン大量投与で最終身長を制限する、2、子宮摘出で生理と生理痛を取り除く、3、初期乳房芽の摘出で乳房の生育を制限する――。

ズレてる支援！――知的障害／自閉の人たちの自立生活と重度訪問介護の対象拡大

寺本晃久、岡部耕典、末永弘、岩橋誠治　四六判並製　376 頁　本体 2300 円

「支援」は、〈そもそも〉〈最初から〉〈常に〉ズレている！　支援を使って、地域で自立した暮らしをしている人がいること。集団生活ではなく一対一の支援をモデルにすること……「支援」と「当事者」との間の圧倒的なズレに悩み惑いつつ、そのズレが照らし出す世界を必死に捉えようとする「身も蓋もない」支援の営みの今とこれから！

良い支援？――知的障害／自閉の人たちの自立生活と支援

寺本晃久・岡部耕典・末永弘・岩橋誠治　四六判並製　288 頁　本体 2300 円

知的障害／自閉の人の〈自立生活〉という暮らし方がある！当事者主体って？　意志を尊重するって？　「見守り」介護って？　常識に凝り固まった支援は通用しない！　介助者・支援者として現場に立ち考え続けてきた著者による、支援と自立の現在形。